Anselm Grün • David Steindl-Rast

Das glauben wir

Anselm Grün und

David Steindl-Rast

Das glauben wir

Spiritualität für unsere Zeit

Herausgegeben von
Johannes Kaup

Vier-Türme-Verlag

Bibliographische Information der Deutschen Nationalbibliothek
Die Deutsche Nationalbibliothek verzeichnet diese Publikation in der
Deutschen Nationalbibliographie. Detaillierte bibliographische Daten
sind im Internet über http://dnb.d-nb.de abrufbar.

2. Auflage 2015
© Vier-Türme GmbH, Verlag, Münsterschwarzach 2015
Alle Rechte vorbehalten

Lektorat: Marlene Fritsch
Gestaltung: Dr. Matthias E. Gahr
Umschlagfoto: Johannes Kaup
Druck und Bindung: Pustet, Regensburg
ISBN 978-3-89680-921-6

www.vier-tuerme-verlag.de

INHALT

Vorwort
    Präludium ex silentio 9

Erste Liebe – oder:
    Quellen der Verbundenheit in der Kindheit 15

Ein Gott jenseits des Marktes – oder:
    Wer ist Gott nach seinem »Tod«? 19

Wo bist du lebendig? – oder:
    Vom schöpferischen Sinn des Lebens 25

Ego, Angst und Nichts – oder:
    Die abenteuerliche Entdeckung des Selbst 34

Was wollen wir ausstrahlen? – oder:
    Von der Berufung, der Tapferkeit und der Angst 41

Abschied von infantilen Gottesbildern – oder:
    Dem göttlichen Geheimnis auf der Spur 50

Kapitale Verwechslungen – oder:
    Von der Versuchung, Wahrheit besitzen zu wollen 58

»Dead man rising« – oder:
    Jesus Christus und der Buddha 64

Heilige, Sünderin und Herausgerufene – oder:
    Die Kirche(n) zwischen Sein und Schein 79

INHALT

Im Dialog mit dem Geheimnis – oder:
    Das »Vaterunser« und die Vertrauenswürdigkeit Gottes . . 83

Drei und einer? – oder:
    Eine kleine Gebrauchsanweisung für die Trinität 86

Wie kann ich endlich leben? – oder:
    Über das Sterbliche und das Ewige 91

Ganz ich selbst sein – oder:
    Vom Beten als Raum der Freiheit 98

Die Sünde und das Böse – oder:
    Warum wir in Schuld verstrickt sind 117

Die Achtlaster-Lehre – oder:
    Die Anfänge einer spirituellen Psychologie 127

Vom Leiden und der Versöhnung – oder:
    Das Kreuz und die Strukturen der Sünde 137

Vom spirituellen Wachstum – oder:
    Mich annehmen lernen, wie ich wirklich bin 147

Von Wurzeln und vom Wachsen – oder:
    Altes und Neues miteinander verbinden 151

Von der Inkarnation – oder:
    Wie Leib, Geist und Seele zusammengehören 154

INHALT

Zeit für Dankbarkeit – oder:
 Warum jeder Augenblick ein Geschenk ist 158

Mystik, Widerstand und Partizipation – oder:
 Was steht im Fokus des Christlichen? 170

Über Erfahrungen sprechen – oder:
 Trennt der Glaube oder verbindet er? 174

Schlussgedanken
 Postludium ex gratia 177

Anmerkungen 181

Vorwort –
Präludium ex silentio

Erg Chebbi, Marokko

Endlich bin ich da. Ganz oben, auf der mächtigsten Sanddüne weit und breit. Ein paar Kilometer in meinem Rücken liegt die algerische Grenze. In der Ferne versinkt der rotgoldene Feuerball hinter einem Tafelberg. Die ersten Sterne funkeln am Firmament. Am Fuß des Sandgebirges stehen unsere verstaubten Motorräder und die Igluzelte. Sie sind von hier aus kaum zu erkennen. Meine Freunde sind zurückgeblieben, suchen trockene Wurzeln und Dung fürs abendliche Feuer. Die drei blaugewandeten Beduinen auf ihren Kamelen sind schon vor Stunden in einem der Dünentäler verschwunden. Meine Lippen sind trocken. Ich lasse den feinen kühlen Sand durch meine Hände rinnen wie Wasser. Wüste, wohin mein Auge blickt. Kein Windhauch. Kein Laut. Stille auf der Erde. Stille im Himmel. Stille in mir. Ich atme ein. Ich atme aus. Ich bin da. Ganz da. Jetzt! Das ist ein Moment, in dem es mir wie Schuppen von den Augen fällt: Ich bin am Mittelpunkt des Universums angekommen. Dann erinnere ich mich, wo das noch überall der Fall war: In Schottland, in Norwegen, in der Mongolei, in New Mexico und …

Doch das Geografische ist nebensächlich. Im Grunde geht es nicht um spezielle Orte. Wenn man auf der Reise ist – und das sind wir gewissermaßen ein Leben lang –, geht es um die Momente, in denen die vergängliche Zeit plötzlich stillzustehen scheint. Alles, was ich glaube zu sein und leisten zu müssen, alles, wonach ich strebe und auch das, woran ich gescheitert bin, all das fällt in diesen Momenten von mir ab. Ich fühle mich ganz nackt. Aber ich bin. Ganz. Da. Scheinbar aus dem Nichts fängt die Stille in mir an zu sprechen, unhörbar leise.

Menschen tauchen auf, die mich begleiten, Lebende und schon lange Gestorbene. Begegnungen, die mich prägten, werden lebendig. Freudvolles und Schmerzliches, Traumhaftes und Enttäuschendes – all das wird für einen Moment durchsichtig. Da ist keine Trennung mehr zwischen mir und der Welt, zwischen meinem Ego und meinem Selbst, zwischen meiner Geschichte und der der anderen, zwischen Sein und Zeit. Alles wird ganz klar. Das Ziel der Reise ist zum Greifen nah. Es sind jene Momente, in denen ich ganz von Liebe durchflutet werde. Wenn ich jetzt sterben müsste – ich wäre bereit. Allein die Sorge um meine Lieben hielte mich zurück.

Manchmal wird das Gespräch zu einem stillen Gesang. Dann singt es in mir. Einfach so. Pures Glück. Welchen besseren Sinn könnte mein Leben je haben, als dankbar auf das Geschenk zu antworten, dass ich sein darf. Durch andere, mit anderen und für andere. Dankbar der unsichtbaren Quelle, deren Ursprung sich im Nichts verliert ... hier inmitten der marokkanischen Wüste und überall, wo ich bin und sein werde.

Was dies mit diesem Buch zu tun hat? Manche werden es schon erahnen, andere bitte ich noch um ein paar Zeilen Geduld. Zunächst ein Ortswechsel.

Communauté de Taizé, Burgund

Dieser Sommer hat es in sich: kühl, nass und windig. Westlich, über den Hügeln von Burgund, schiebt sich eine weitere dunkle Wolkenwand über das kleine Dorf. Hier hat sich vor 75 Jahren der Schweizer Frère Roger Schütz niedergelassen, um eine ökumenische Klostergemeinschaft zu gründen. Sie will ein Zeichen der Versöhnung sein in einer von Spaltungen verwundeten Welt. Leben in Einfachheit aus dem Geist des Evangeliums Jesu in Zeitgenossenschaft mit den Menschen von heute. Seit den Sechzigerjahren ist die Gemeinschaft am Rande des kleinen Dorfes zu einem Treffpunkt tausender Jugendlicher aus der ganzen Welt geworden. Zu den täglichen Gebeten, den mantrenförmigen Gesängen, den Zeiten der Stille und des Dialogs versammeln sich mehrmals täglich tausende junge Menschen in der langgestreckten, von Kerzen beleuchteten Hallenkirche. Sie kommen aus ganz Europa: Schweden, Deutschland und Spanien, Irland, Italien und Ukraine. Vereinzelt sind Gäste aus Südkorea da, von den Philippinen, aus Nigeria, Brasilien und Argentinien. Dicht gedrängt sitzen und knien sie hier, beten, singen und schweigen. Kein klassisch frommes Publikum ist hier versammelt. Man spürt: für manche ist es das erste Mal in ihrem Leben.

Die verschiedenen Sprachen, Kulturen, Mentalitäten und Lebensweisen formen die temporäre Gemeinschaft Tausender zu einem Abbild des globalen Dorfes, in dem wir heute noch virtuell leben. Doch mit einem großen Unterschied: Hier schauen wir einander in die Augen, wir hören einander zu, teilen miteinander die einfachen Mahlzeiten, putzen gemeinsam Duschen und Klos, lesen zusammen biblische Texte und tauschen uns gemeinsam über unsere Lebenserfahrungen aus. Wir sind vielfältig und verschieden und doch sind wir eins. Nicht weil wir so viel wissen, sondern weil wir suchen, offen sind, anwesend im Anfängergeist. Hier zählt nicht, was du hast, sondern nur, wer du bist. Einheit in der Vielfalt der Formen. Einheit, die nicht Unterschiede einebnet oder unterdrückt. Es ist eine Einheit im Grunde, die individuelle Eigenständigkeit *sein* lässt, ermöglicht und sich freut über die kulturelle Vielstimmigkeit und Farbenpracht, die die Welt hier bereichert. Eine vorweggenommene Utopie eines neuen Europas und eine Utopie des globalen Zusammenlebens – hier hat sie einen Ort, ist sie real erfahrbar.

Mein Blick wandert langsam durch die gedämpft beleuchtete Kirche. Hier sind junge Menschen versammelt, hungrig nach einer Spiritualität für unsere Zeit. Werden sie die verschütteten Schätze kennenlernen, die das Christentum immer wieder lebendig erhalten haben? Werden sie auf glaubwürdige Zeugen treffen, die authentisch die Kernbotschaft Jesu Christi in das Heute übersetzen? Werden sie eine weltzugewandte Mystik leben können, die sich als praktische Politik erweist in der Zuneigung und der Solidarität mit den Ausgegrenzten dieser Erde? Werden sie zu Agenten eines Wandels werden hin zu einer globalen Verbundenheit, die unsere Welt heute so dringend braucht?

Bruder David Steindl-Rast und Pater Anselm Grün sind für mich solche Hoffnungsgestalten, die kraft ihres Beispiels Orientierung geben können in einer unübersichtlich gewordenen Welt. Sie zu kennen und mit ihnen ein ganzes Wochenende im Kloster Münsterschwarzach tiefe, lebendige Gespräche führen zu dürfen, erfüllt mich mit großer Freude und Dankbarkeit. Es ist die profunde und zugleich heitere Spiritualität des Alltags, die sie ausstrahlen. Ihre Lebenserfahrung, ihre Gabe der kritischen geistigen Unterscheidung, ihre radikale Ehrlichkeit, ihre bedächtige poetische Sprache, ihr therapeutisch-spirituelles Wissen und ihre Fähigkeit zu Humor und Selbstironie begeistern und beglücken mich schon seit vielen Jahren.

Der Anstoß zu unserem Gespräch kam eigentlich aus dem Geburtsland von Papst Franziskus: Alberto Rizzo aus Buenos Aires hatte die Idee dazu und hat Bruder David Steindl-Rast davon überzeugt. An mir war es nur noch, bei Anselm Grün anzufragen, um im dicht gedrängten Terminkalender beider spirituellen Lehrer auch einen gemeinsamen Termin zu finden. Als das gelang und wir einander in Münsterschwarzach trafen, konnte der Geist fließen.

Unsere Gespräche in der jetzigen Buchform können auch als ein »Crash-Kurs« in christlicher Spiritualität gelesen werden. Die Form des Gesprächs und die uns nur begrenzt zu Verfügung stehende Zeit bedingen, dass manchen Leserinnen und Lesern das eine oder andere Thema fehlen könnte und dass die Buchkapitel nicht systematisch aufgebaut sind. Das möge man mir nachsehen. Aber ich glaube, dass dieses Buch vielen Zeitgenossen spirituelle Lebenshilfe und Denkanstöße geben wird, seien sie nun gläubig oder nicht. In diesem Sinn hoffe ich als Rundfunkjournalist auf den »Mundfunk« derer, die davon angeregt und berührt werden.

Erg Chebbi, Taizé und Wien
im November 2014

Johannes Kaup

Erste Liebe – oder:
Quellen der Verbundenheit in der Kindheit

Was Menschen glauben, wie sie ihre Spiritualität verstehen und leben, wird nicht zuletzt davon beeinflusst, welche Erfahrungen sie in der Kindheit gemacht haben. Nachdenken über Spiritualität ist deshalb immer auch eine Spurensuche, eine Reflexion über die ersten prägenden Erfahrungen mit dem Heiligen, mit dem, was die Religionen der Welt als das Göttliche beschreiben.

 David Steindl-Rast

Meine früheste Erinnerung an eine Erfahrung mit dem Heiligen geht weit zurück – da muss ich ungefähr vier Jahre alt gewesen sein. Es war vor Weihnachten. Im Schlafzimmer meiner Eltern lag ein Goldfaden von einer Geschenkverpackung auf dem Fußboden. Ich fragte aufgeregt, was das sei, worauf meine Mutter sagte: »Das muss ein Haar vom Christkind sein.« – Das hat mich sehr berührt. Das war nicht lächerlich, auch jetzt in meiner Erinnerung ist es das nicht. Diese Erfahrung war anziehend und erschaudern machend zugleich – also wirklich eine Begegnung mit dem Heiligen.

Nun könnte man einwenden, dass so ein Erlebnis schnell entmythologisiert wird, wenn man älter wird. Aber der Übergang vom Christkind zu einer größeren Schau ist bei mir ganz leicht gegangen, weil meine Eltern das sehr geschickt gemacht haben. Sie haben einfach gesagt: »Das Christkind schickt uns.« Dass Christus in allem lebt und dass er in uns liebt, das hat sich sehr leicht übersetzen lassen.

Eine weitere Erinnerung – da war ich auch noch sehr klein, höchstens fünf Jahre alt – ist Folgende: Ich sah, wie ein Flugzeug mit Dampf oder weißem Gas das Wort »IMI« in den Himmel schrieb. Das war Werbung für ein Putzmittel, das es damals gab. Das Flugzeug war winzig – ich konnte es gar nicht als Flugzeug erkennen –, es muss sehr hoch geflogen sein. Da fragte ich: »Was ist denn das?« Die Antwort war: »Das ist der Himmelsschreiber.« – Solche Flugzeuge hat man damals Himmelsschreiber genannt. Da habe ich sofort an den Heiligen Geist gedacht, weil das Flugzeug tatsächlich wie eine kleine Taube aussah, die im Himmel schreibt. Das war für mich wieder eine Begegnung – wirklich – mit dem Heiligen.

Ein Drittes, das mir einfällt – das war vielleicht ein, zwei Jahre später –, ist ein Traum: Es gab in meinem Elternhaus eine steinerne Wendeltreppe, die von der unteren Etage, in der meine Eltern und wir Kinder gewohnt haben, hinaufführte in die erste Etage, wo meine Großmutter und meine Urgroßmutter lebten. Ich nannte das immer den »alten Stock«. Ich bin im Traum von oben über die Wendeltreppe heruntergegangen. Und herauf kommt Jesus, so wie er auf dem Bild im Zimmer meiner Großmutter ausgesehen hat. Als wir uns begegnen, gehen wir ineinander über. Das war der Traum. Weiter nichts. – Ich habe jahrzehntelang nicht weiter an den Traum gedacht, aber vergessen konnte ich ihn nie. Ich verstehe ihn heute als ein echtes spirituelles Erlebnis.

Für sich allein betrachtet, wären diese frühen Erfahrungen wahrscheinlich nicht so bedeutend. Aber alle diese kindlichen Begegnungen mit dem Heiligen, die mir einfallen, haben schon mit der christlichen Lehre zu tun. Das Spirituelle war für mich von Anfang an völlig eingebettet in die christliche Ausdrucksform und das Ritual.

Interessanterweise hat mich die Natur nicht so stark berührt wie das Religiöse. Wir waren zwar viel in den Bergen, denn meine Mutter war eine große Bergsteigerin – wir haben immer mit Bewunderung zu Bergspitzen und Felswänden hinauf geschaut: »Da war die Mutti oben!« –, aber Naturerlebnisse wurden nicht zu wirklichen Gipfelerlebnissen, außer die folgende Erfahrung: Gegenüber dem einzigen kleinen Kaufladen, den es in unserem Dorf gab, war hinter Obstbäumen eine Quelle versteckt, die durch ein kleines, hölzernes Rohr heraussprudelte. Während meine Mutter einkaufen war, saß ich gerne still und allein vor dieser Quelle im Obstgarten. Und dieses Wunder, dass da frisches Wasser tief aus der Erde hervorkam, das war auch ein wahres Gipfelerlebnis – in der Begegnung mit Natur, ohne ausdrücklichen Gedanken an Gott.

>> Anselm Grün

Auch bei mir war das Geheimnisvolle zunächst an Weihnachten spürbar. Wenn wir Kinder oben gewartet haben, die Glocke geklingelt hat und wir hinuntergegangen sind – das Wohnzimmer war voller Kerzen –, das war schon irgendwie ein Geheimnis, ein Schauder. Andere Erfahrungen waren bei mir sehr stark mit der Liturgie verbunden. Ich erinnere mich gut daran, dass ich die Erstkommunion sehr ernst genommen habe. Mit Christus eins zu werden, das war eine spirituelle Erfahrung. Und auch die Liturgie der Karwoche im Alter von acht, neun Jahren – später als Ministrant – war etwas Heiliges. Da habe ich etwas Numinoses erlebt. Deshalb habe ich schon mit zehn Jahren mit meinem Vater darüber gesprochen, dass das Priestersein etwas für mich sein könnte. Natürlich war das noch infantil. Eine besondere Faszination der Liturgie und ihres Geheimnisses erlebte ich bei meiner Erstkommunion. Die habe ich ganz, ganz ernst genommen.

Später habe ich auch bestimmte Erlebnisse in der Natur als Begegnung mit dem Heiligen erlebt. Einmal war ich im Wald, und da habe ich ein Rauschen gespürt: Dieses Rauschen des Windes war wie eine Übereinstimmung mit Gott und mit allem. Das war eine ganz tiefe Erfahrung.

Mein Vater, der jeden Sonntag mit mir und meinen Geschwistern spazieren ging, hat uns immer die Schönheit der Natur gezeigt, die Bäume, die Vögel, den Sternenhimmel. Insofern war Natur immer etwas Wichtiges. Gerade die Berge waren für uns Kinder das Erhabene und Große. Bei großen Bergen, wenn es Abend geworden war und der Sonnenuntergang kam, da habe ich das Heilige erahnt. Da bin ich einfach still geworden und habe nur geschaut. Aber der Anfang war für mich die Liturgie.

Ein Gott jenseits des Marktes – oder: Wer ist Gott nach seinem »Tod«?

Viele Menschen erleben heute, dass ihr Alltag bestimmt ist von Mächten und Gewalten, die scheinbar nichts mit dem Glauben und der Religion zu tun haben. In den industrialisierten Gesellschaften ist das Leben für viele hauptsächlich von Arbeit bestimmt, auf deren Rahmenbedingungen sie wenig Einfluss haben. Der Markt bestimmt, was gut, erstrebenswert und wichtig ist. Die Politik versucht, die Risiken des Lebens – mehr oder weniger gut – mit sozialer Sicherung abzufedern, zumindest in den Wohlfahrtsstaaten. Es geht um Leistung, Wettbewerb und Erfolg. In armen Ländern konzentriert sich das Leben der meisten auf den täglichen Überlebenskampf. In den Schwellenländern wiederum entsteht nach dem Vorbild des westlichen Lebensstils gerade eine globale Konsumentenklasse, die gegenüber der Mehrheit der weiterhin Armen und »Armgemachten« vor allem an materiellem Wachstum interessiert und orientiert ist. In all diesen Phänomenen scheint kein Platz mehr für Gott zu sein. Gott ist in gewisser Weise überflüssig geworden, eine verblichene Größe aus einer dunklen Zeit der Unsicherheit, die höchstens noch von den »Unwissenden« als letzter Trost geglaubt wird. Ist Gott tot, wie der deutsche Philosoph Friedrich Nietzsche[1] behauptete, wenn er sagte: Wir haben ihn getötet?

>> Anselm Grün

Gott ist für viele Menschen nicht die erste Realität, er ist nicht mehr selbstverständlich. Aber gerade in den Wohlstandsgesellschaften spüren viele, dass das Geld und der Überlebenskampf allein es nicht sein können. Ich erlebe durchaus die Sehnsucht nach mehr, nach Geliebtsein, nach einem bedingungslosen Angenommensein, die Sehnsucht, dass uns ein größeres Geheimnis umgibt. Menschen fragen: Woraus schöpfe ich die Kraft, um zu kämpfen? Ist es nur das Äußere oder gibt es noch eine andere Dimension? Sowohl bei den Armen als auch bei denen, die Geld verdient haben, nehme ich diese Fragen wahr. Am wenigsten sind die Neureichen ansprechbar, die der Ansicht sind, alles zu haben und ihren Reichtum zur Schau stellen zu müssen. Wenn Menschen ihre Sehnsucht verdrängen, entsteht eine große Leere und Hohlheit. Aber bei allen anderen glaube ich persönlich an die Sehnsucht. Da halte ich es mit dem heiligen Augustinus[2], der einmal sagte: Wenn einer leidenschaftlich kämpft und sich sehnt – ob das nach Liebe ist oder nach Erfolg oder auch nach Geld und Reichtum –, ist immer ein Mehr dahinter, ist immer letztlich eine Sehnsucht nach Gott dahinter.

David Steindl-Rast

Wie ich den Menschen als Menschen verstehe, sind wir eben die »religiösen Tiere«. Wir sind unter den Tieren jene, die auf das Geheimnis – auf das Mysterium – ausgerichtet sind, die immer über sich hinausgehen wollen. Wie bewusst man sich das macht, das hängt von vielem ab. Jemand, der ganz im Überlebenskampf steckt, hat nicht die Zeit dazu. Und jemand, der dem Erfolg nachjagt, hat kein Interesse daran. Aber es bleibt doch bei allen Menschen die existenzielle Ausrichtung auf das unergründliche Geheimnis des Daseins. Früher oder später – wenn man den Tod guter Freunde erlebt, Misserfolge erfährt oder mit Krankheit und vielleicht mit dem eigenen Sterben konfrontiert wird – kommen Fragen auf, die grundlegende Fragen der Ausrichtung auf dieses Geheimnis sind – auf das göttliche Geheimnis. »Gott« bedeutet ja ursprünglich das »Angerufene«. Das Wort »Gott« ist also kein Name, sondern weist auf unsere existenzielle Bezogenheit auf das Mysterium hin.

Jeder Mensch wird früher oder später durch drei Fragen mit Transzendenz konfrontiert, mit einer Wirklichkeit, die uns unendlich übersteigt:

Die erste Frage ist: Warum? – Jeder Mensch fragt früher oder später nach dem »Warum«. Warum bin ich überhaupt da? Warum gibt es überhaupt etwas und nicht nichts? Warum kann ich fragen: »Warum?« Das führt uns unweigerlich hinein in das göttliche Geheimnis.

Die zweite Frage ist: Was? – Wir fragen uns: Was ist das eigentlich letztlich? Was ist dies oder jenes in seinem innersten Wesen? Das »Was« liegt, im Unterschied zur vertikalen Ebene des »Warum«, auf der horizontalen Ebene, wenn wir uns das so bildlich vorstellen wollen. Das »Warum« führt in unauslotbare Tiefe, das »Was« in unabsehbare Weite. Auf dieser Ebene gibt es ohne Ende mehr und immer mehr. Darum sagt Goethe[3]: »Willst du ins Unendliche schreiten, gehe nur im Endlichen nach allen Seiten.« Das unendliche »Was« führt uns in das gleiche Geheimnis wie das unergründliche »Warum«.

Und die dritte Frage ist: Wie? Damit stehen wir sozusagen am Schnittpunkt der Achsen von Tiefe und Weite und fragen nun: Wie? Letztlich heißt das: Wie soll ich leben? Wie schaffe ich es? Wie mache ich es? Dadurch kommt das Dynamische herein. Wir stoßen auf das Mysterium auch in der unerschöpflichen Dynamik des Daseins.

Diese drei Fragen zu stellen ist meiner Meinung nach etwas allgemein Menschliches. Wie es sich kulturell ausgestaltet, kann sehr verschieden sein, aber es gehört existenziell zum Menschsein dazu. In christlicher Ausdrucksweise nennen wir das Geheimnis »Gott«, und die drei Fragen verweisen auf die Trinität. Denn das »Warum«, führt uns in die Tiefe des göttlichen Geheimnisses, die wir als Christen »Vater« nennen. Das »Was«, führt uns in die Weite des »kosmischen Christus«. Und das »Wie«, führt uns in die Dynamik des »Heiligen Geistes«.

Anselm Grün

Für mich ist es noch eine andere Frage, die mich letztlich bis ins Geheimnis Gottes hineinführt. Es ist die Frage: Wer bin ich? Bin ich Mann, Frau, die und der? Bin ich Priester oder Vater, Mutter oder Frau von? Wenn ich immer tiefer frage, komme ich auch an ein Geheimnis. Zudem ist mir in letzter Zeit das Thema Schönheit – in der Kunst, in der Natur, aber auch in der Musik, der Malerei, in der Dichtung, in der schönen Sprache – neu wichtig geworden. Warum sehnen sich Menschen nach Schönheit? Platon[4] sagt: Alles, was ist, ist wahr, schön und gut. Gott ist das »Urschöne«. Wenn ich diese Spur zu Ende denke, entdecke ich, dass sowohl arme Menschen einen Sinn für das Schöne haben als auch die anderen.

Simone Weil[5], die selbst sehr arm war und sich für die Armen eingesetzt hat, hat trotzdem das Schöne gebraucht, um leben zu können. Dostojewski[6] sagte: Du musst einmal im Jahr die »Sixtinische Madonna« anschauen, um mit der Schönheit dein Leben bewältigen zu können. – Das ist auch für mich wichtig, weil es eine Spur Gottes in der Welt ist. Wenn einer nur auf Geld fixiert ist, hat auch das Schöne keinen Sinn. Man kann natürlich seine Wohnung auch ohne Geschmack vollstellen und damit protzen und angeben, aber das hat nichts mehr mit Schönheit zu tun.

Ich habe bisher Spiritualität vorrangig unter dem Aspekt der Begegnung mit mir selbst gesehen: die Wahrheit Gott hinhalten. Auch das ist ein Weg. Aber die Schönheit verweist noch auf ein anderes Gottesbild: die »fruitio Dei« – Gott genießen, nicht nur immer Gott gehorchen. Gott ist der, der uns fasziniert, der uns mit Schönheit beschenkt.

Dostojewski sagt treffend: Schönheit wird die Welt retten. Und: Jesus hat seinen Jüngern den Gedanken der Schönheit eingepflanzt, auf dass sie Brüder und Schwestern wurden. Also nicht: Du musst lieben! Sondern: Indem ich das Schöne in mir und dem anderen spüre, sind wir Brüder und Schwestern. Das ist nicht moralisierend. Die Schönheit führt zur Verbundenheit mit- und zur Liebe zueinander.

Ich muss Ihnen – beziehungsweise der Schönheit – etwas entgegenhalten: Ich versuche es nochmals mit Friedrich Nietzsche: »Gott ist tot! Wir haben ihn getötet!« – Nietzsche meint ja, dass Gott als »höchstes Seiendes« unmöglich geworden ist. Wenn ich Gott so denke, als wäre er ein höchstes Ding, das oben an der Spitze einer Pyramide sitzt und dann die ganzen Machtstrukturen unserer Welt legitimiert, dann haben wir ein massives Problem. So wurde Gott über Jahrhunderte weg missbraucht. Sie selbst haben in Ihrer Jugend die Ideologie des Nationalsozialismus noch erlebt, der ja auch eine Konsequenz dessen war, dass wir Gott »getötet« haben – und dann kam ein Führer an die Spitze. Im Kommunismus füllte die Partei diese Leerstelle aus, die Gott hinterlassen hat. Heute könnte man vielleicht sagen: Es ist der »freie« Markt, der totale Markt, der unsere Lebensbedingungen und die Rahmenbedingungen des Handelns bestimmt. An die Stelle des Höchsten – wenn sie nicht besetzt ist – rückt immer ein Götze. Das ist doch die Erfahrung, die sich einstellt, wenn wir Gott in unserer Mitte nicht achten: dass dann immer – Jesus würde sagen – »Dämonen« das Haus bewohnen oder Götzen, die unser Leben desorientieren und zerstören.

>> Anselm Grün

Nietzsche hat ja durchaus recht gehabt. Er meinte, dass ein bestimmtes Gottesbild tot ist: Der moralisierende Gott, der Gott, der immer nur Verzicht will, der nur Verneinung ist, der ist tot. Aber Nietzsche hat auch darunter gelitten.

Für mich ist eines wichtig: Nietzsche wollte das Schöne, das Dionysische, dafür hat er einen Sinn gehabt. In seinem Nachlass gibt es einen Satz, der ungefähr so lautet: »Wo Verzweiflung und Sehnsucht sich paaren, da ist Mystik.« Das ist der Sprung ins Geheimnis. Die Verzweiflung hat Nietzsche gespürt, aber auch die Sehnsucht. Beides gilt es zusammenzuhalten. Nicht die Mystik, von der ich schwärmen kann, die ich besitzen kann, sondern es ist eine Ahnung – ein Sprung ins Geheimnis.

 David Steindl-Rast

Nietzsche war schließlich ein tief religiöser Mensch. Die letzte Strophe seines Gedichtes »Dem unbekannten Gott« lautet:

Ich will dich kennen, Unbekannter,
du tief in meine Seele Greifender,
mein Leben wie ein Sturm Durchschweifender,
du Unfassbarer, mir Verwandter!
Ich will dich kennen, selbst dir dienen.

 Anselm Grün

Ja, er war Sohn eines evangelischen Pfarrers und hat gegen die negative Sicht von Gott und vom Menschen gekämpft, die er in der Religion seines Vaters gefunden hat. Gott und Schönheit war da überhaupt nicht verbunden, sondern Gott war die Verneinung des Lebens. Klar, Nietzsche hat sich dann verstiegen, und die Nazis haben sein Wort vom »Übermenschen«[7] missbraucht. Er hat sicher gelitten, hat etwas gespürt und ist über das Maß hinausgegangen, aber als Herausforderung ist er für uns nach wie vor da.

Wo bist du lebendig? – oder: Vom schöpferischen Sinn des Lebens

Wenn Menschen nach dem Sinn und Ziel des Menschseins fragen, finden sie vielfältige Antworten. Die einen sagen: Das Leben selbst ist der Sinn. Anderen geht es vor allem um die größtmögliche Verwirklichung des eigenen Potenzials. Wieder andere bevorzugen die konstruktivistische Variante: Sinn ist das, was wir jeweils in verschiedenen Zusammenhängen selbst konstruieren, machen und herstellen. Doch befriedigen diese Antworten tatsächlich oder lassen sie einen wiederum ratlos zurück? Es lohnt sich, nochmals tiefer zu fragen, was das Menschsein ausmacht und worum es dem Menschen im Grunde seines Daseins geht. Welche Antworten haben David Steindl-Rast und Anselm Grün, die beide Jahrzehnte des eigenen Lebens und der Weltgeschichte überblicken, auf die Fragen nach dem Sinn und Ziel des Lebens gefunden?

 David Steindl-Rast

Solange wir den Sinn begreifen – also »in den Griff bekommen« – wollen, gehen wir in die Irre. Denn unser Griff ist nicht groß genug, um Sinn zu be-greifen. Bernhard von Clairvaux[8] sagt: »Begriffe machen wissend. Ergriffenheit macht weise.« Sich ergreifen lassen, das heißt Sinn finden. Wenn wir Ergriffenheit erleben, dann ist der Sinn einfach da. Ergriffenheit ist Sinnfindung. Ich glaube, dass das jeder Mensch immer wieder erlebt, beispielsweise bei der Geburt eines Kindes oder wenn er ergriffen wird von der Schönheit in der Kunst oder der Natur. Viele Menschen erfahren Religiöses heute ausschließlich in der Begegnung mit dem Ergreifenden in der Natur.

Freilich kann man auch von Hass und Wahnvorstellungen ergriffen werden. Menschen haben frenetisch »Ja« geschrien, als Joseph Goebbels, Hitlers Propagandachef, seinen Parteigängern 1943 in der sogenannten »Sportpalastrede« in Berlin zurief: »Wollt ihr den totalen Krieg?« Hier muss man mit einem ganz feinen Skalpell unterscheiden zwischen der Ergriffenheit, die als solche etwas Positives ist, und der Ergriffenheit, die ausgenutzt wird für einen falschen Zweck. Als solche unterscheidet sich die ausgenutzte Ergriffenheit in einer großen Gemeinschaft nicht so sehr von der Situation, in der ein Mensch Beethovens[9] »Neunte Symphonie« hört und ergriffen wird, oder in der Natur ergriffen vor einem Wasserfall steht. Die Ergriffenheit ist etwas Positives. Aber sie kann ausgenutzt werden.

Für viele Menschen bietet das Leben als solches den unmittelbarsten Zugang zur Gotteserfahrung. Im Leben selbst erfahren wir das große Geheimnis. Die Wissenschaft kann manches darüber aussagen, wie ein Lebewesen funktioniert. Aber *was* Leben ist, kann kein Wissenschaftler sagen. Das ist auch nicht die Aufgabe der Wissenschaft. Auch die Philosophen können es nicht sagen, und Theologen können nur darauf hinweisen, dass es uns Menschen möglich ist, das Leben als göttliches Geheimnis zu erfahren. Das deutet zugleich darauf hin, dass die göttliche Wirklichkeit nicht »da draußen ist«. Das ist ja immer die Gefahr, dass wir meinen, Gott sei von uns getrennt. Wenn wir vom Leben als göttlichem Geheimnis sprechen, dann wird es offensichtlich, dass wir völlig eingetaucht sind in Gott und Gott in uns, weil wir ja nicht sagen können, ob *wir* das Leben haben oder ob *uns* das Leben hat.

Für die Gottesfrage sind Menschen zu unterschiedlichen Zeiten unterschiedlich ansprechbar. In der Kindheit sind wir offen dafür. Dann kommt aber eine Zeit, wo wir ganz andere Fragen im Sinn haben. Wir haben, glaube ich, den Fehler gemacht, dass wir meinten, man könne zu jeder Lebenszeit Katechese betreiben. Es gibt aber im

Leben Zeiten für Katechese und Zeiten, in denen man sagen muss: Warte ein bisschen.

Aber auch wenn Menschen in manchen Lebensphasen nicht viel über Gott nachdenken, so sind das dennoch wichtige Zeiten, um Gott zu erleben. Später wird man sich darüber Gedanken machen. Aber ich meine, man sollte den Menschen Zeit geben. Wenn du jetzt nicht über Gott, über deine Erfahrung der letzten Wirklichkeit, nachdenken willst, dann warte eben.

Anselm Grün

Wenn ich nach dem Sinn gefragt werde, gebe ich gerne drei Antworten: Das eine: Der Sinn ist, dass ich dieses einmalige Bild, das sich Gott von mir gemacht hat, in meinem Leben sichtbar werden lasse. Ich bin mein Leben lang auf dem Weg, diesem einmaligen Bild, dieser Frage nach dem »Wer bin ich?« nachzuspüren und zu versuchen, authentisch zu leben. Dann ist mein Leben sinnvoll.

Das Zweite ist die Frage nach meiner Sendung: Jesus sendet die Menschen. Was ist mein Auftrag? Das muss nichts Außergewöhnliches sein. Aber trotzdem bin ich nicht einfach nur dazu da, mich wohlzufühlen. Ich habe einen Auftrag in der Welt.

Als Drittes verweise ich auf Viktor Frankl[10], der viel über den Sinn nachgedacht hat. Zunächst spricht er vom »schöpferischen Sinn«: Wenn ich etwas Schöpferisches mache, ist es sinnvoll. Des Weiteren vom Erlebnis-Sinn: Wenn ich etwas Tiefes erlebe und von etwas ergriffen bin, dann frage ich nicht nach Sinn. Dann ist es sinnvoll. Und schließlich von den Einstellungswerten. Zum Beispiel ist der Tod eines Kindes an sich sinnlos. Aber wie ich darauf reagiere, darauf kommt es an. Frankl sagt: Das Schicksal kann einem alles nehmen, selbst das Leben. Aber eines kann es einem nicht nehmen: die Freiheit, darauf zu reagieren und auch dem Schweren einen Sinn zu geben. Wir haben in uns die »Trotzmacht des Geistes«, die auch der Krankheit noch einen Sinn abringen kann. Nicht, dass die Krankheit sinnvoll ist – aber ich gebe ihr einen Sinn.

Es gibt auch Leute, die jammern, dass es ihnen schlecht geht und sie keinen Sinn im Leben finden. Dann frage ich: Was berührt dich? Da erschrecke ich schon manchmal, wenn sie sagen: Nichts. Es gibt nichts. Musik nicht, Kunst nicht, Dichtung nicht, Natur nicht. Es gibt auch manche, die selbst die Sexualität nicht mehr berührt und aus sich herausführt. Was ist da passiert? Warum ist der so ganz abgeschnitten vom Leben?

Wenn ich mit Menschen über Gotteserfahrung spreche, frage ich immer: Wo bist du lebendig? Wo lässt du dich berühren? Wenn mir dann jemand sagt: Es gibt nichts, was mich berührt, dann merke ich, da komme ich an Grenzen. Wenn sich einer gar nicht berühren lässt, dann kann ich ihm auch Gott nicht vermitteln.

Die Unberührbarkeit von allem, die Gefühlsblindheit, das heißt, nicht mehr empfinden zu können, nimmt sehr zu. Unsere Zeit ist so voller Reize, Eindrücke und Einflüsse – also voller Sinnangebote –, aber manchen ist dabei unklar, worauf sie sich verlassen können. Es ist keineswegs so, dass wir in einer sinnlosen Zeit leben. Wir werden von Sinnangeboten geradezu bombardiert. Aber wir sind völlig desorientiert, was davon trägt, was davon wirklich wichtig ist. Wofür soll ich mich entscheiden? Welchen Weg soll ich gehen? Welchen Beruf soll ich wählen? Was ist meine Aufgabe? Welche Beziehung soll ich eingehen? Das alles hat ja Konsequenzen.

Unsere moderne Kultur scheint eine bestimmte Variante der menschlichen Geschichte zu fördern, nämlich die des ständigen Fortschritts und Aufstiegs. Dieser Weg ist allerdings wenig am Gemeinwohl orientiert, sondern mehr am persönlichen Vorteil und am Wettbewerb, der andere Menschen und unsere natürlichen Lebensgrundlagen marginalisiert und ausbeutet.

In diesem Rennen ist die Gefahr des Verlusts und der Trennung sehr groß: Wir verlieren unsere Verbindung zur Natur, die Sorge um die anderen und auch das Gespür für das Heilige. Und wir können nichts akzeptieren, was nicht perfekt ist. Wir denken dann in Entweder-oder-Kategorien. Wir sind nicht fähig etwas oder jemanden zu lieben, den wir nicht kontrollieren können. – Wie entkommen wir diesem engen Denken und bekommen einen offenen Blick auf die Fülle und das Ganze des Lebens?

>> Anselm Grün

Eine Gefahr sind da sicher die zu großen Bilder und Erwartungen: dass ich immer perfekt sein muss, dass ich immer alles im Griff haben und kontrollieren muss, dass ich immer cool sein muss. Das führt dazu, dass die Seele dagegen rebelliert. Daniel Hell[11] sagt dazu: Depression ist oft ein Hilfeschrei der Seele gegen diese übertriebenen Bilder.

Die Angst vor Begrenzung und vor einer Entscheidung spielt auch eine Rolle. Es gibt heute zu viele Möglichkeiten, und Entscheidung ist immer eine Entscheidung für und gegen etwas. Damit tun sich heute sehr viele Leute schwer. Sie wollen alles haben. Dann sind auf einmal alle Türen zu, und sie haben gar nichts. Jesus sagt: Geh durch die enge Tür, damit dein Leben weit wird. Vor lauter Angst, ich könnte mich einengen, machen manche gar nichts. Leben geht aber nur durch Hingabe. Hingabe ist aber heute verpönt. Man will lieber beobachten, alles im Griff haben, alles kontrollieren. Das Leben gelingt aber nur, wenn ich mich hingebe und wenn ich mich begrenze. Also: Wenn ich mich begrenze, wird das Leben weit. Johannes Tauler[12] schreibt so schön: »Jeder Weg führt durch den Engpass.« – Heute erlebe ich es so: Man fährt auf einem bestimmten Gleis. Dann kommt ein Engpass, und man springt aufs andere Gleis, bis wieder ein Engpass kommt, dann springt man wieder auf ein anderes Gleis. So kommt man aber nie durch einen Engpass oder durch einen Tunnel hindurch, und das

Leben weitet sich nie. Man bleibt bei allem immer im Vorläufigen. Ich will es noch kontrollieren können, aber vor lauter Kontrollieren komme ich nie ins Leben.

>> David Steindl-Rast

Vielleicht liegt dem Ganzen unsere Vereinzelung zugrunde. Das könnte eine der Wurzeln dafür sein, dass wir einander entfremdet sind, auch von uns selbst entfremdet und auch dem Göttlichen entfremdet sind. Trotzdem bin ich geneigt zu sagen, dass die Vereinzelung auch etwas Positives hat. Denn es hat uns Jahrhunderte gekostet, unsere Eigenständigkeit zu entdecken, zu kultivieren und zu verteidigen. Und diese Eigenständigkeit ist etwas Positives. Ich habe auf einer Reise eine Kultur kennengelernt, in der die Menschen keineswegs so eine Eigenständigkeit gehabt haben wie wir. Ein Einzelner konnte da gar keine Entscheidung treffen. Es ist immer die Familie oder der Stamm, der entscheidet. Da ist mir bewusst geworden, was für einen Schatz wir in unserer Individualität und Eigenständigkeit haben. Heute aber haben wir einen Punkt erreicht, wo wir es zu weit getrieben haben. Ich glaube, es wird noch schlimmer werden müssen, bevor wir sehen, wie arg es ist für uns.

Wir haben den notwendigen Gegenpol vernachlässigt: die Vernetzung mit anderen. Es fehlt also die Beziehung. Eigentlich wird ja der höchste Grad meiner Selbstverwirklichung dadurch erreicht, dass ich weitreichende und tiefe Beziehungen knüpfe. Durch je mehr Beziehungen ich vernetzt bin, desto mehr werde ich ich selbst. Aber wir haben unsere Selbstständigkeit erkauft durch das Abschneiden von Beziehungen. Jetzt stehen wir an der Schwelle einer Zeit, wo wir so wenig wie möglich verlieren sollten von der wertvollen Eigenständigkeit, die wir uns erworben haben, aber wieder neu anknüpfen müssen an lebensfördernde Beziehungen. Das ist nicht nur möglich, sondern auch notwendig. Wir werden umso eigenständiger sein, wenn wir wieder in Beziehungen eingebettet leben. Aber das sehen noch nicht genügend Menschen ein, scheint mir.

>> Anselm Grün

Carl Gustav Jung sagt: Jesus hat den Menschen vereinzelt – also: Folge du deiner Stimme. Lass die Toten die Toten begraben. Geh deinen Weg. – Insofern ist dieser Impuls, dass jeder einmalig und selbstständig ist, ein durchaus christlicher Impuls.

Das andere ist sicher die Angst vor Hingabe. Die Psychologen sagen ja, dass wir nicht nur die Beziehung zu den anderen verloren haben, sondern auch die Beziehung zu uns selbst. Beziehungslosigkeit ist die Krankheit unserer Zeit. Ich bin weder in Beziehung zu mir selbst noch zu den Dingen, und dann erwarte ich mir von der Beziehung zum anderen alles. Dann kann ich auch keine Beziehung zu Gott aufnehmen. Die wichtige Frage ist also: Wie kann ich Beziehung leben? Wie kann ich Beziehung spüren?

Das Dritte ist: Meinen Weg gehen. Jeder Weg ist einmalig. Das dürfen wir nicht verlieren. Die ersten Mönche sind ja auch ausgebrochen aus einer Sippe, die ganz eng war. Das war für sie ein Weg in die Befreiung. Denn es gab damals keine Entscheidungsmöglichkeit. Alles war vorgegeben. Wenn ein Mensch aus der Sippe ausgestiegen und als Mönch in die Wüste gegangen ist, dann ist er ganz seinen Weg gegangen, während die anderen den ihnen vorbestimmten Weg gingen. Aber die Mönche haben sich nicht damit begnügt, nur auszubrechen. Sie haben sich einem Größeren hingegeben, sie haben sich ganz und gar auf Gott eingelassen. Für Benedikt steht die Hingabe an Gott auf der gleichen Ebene wie die Hingabe an die Gemeinschaft und an die Arbeit.

Heute erlebe ich bei jungen Menschen häufig, dass sie sich vor lauter Angst, im Burn-out zu landen, erst gar nicht auf die Arbeit einlassen.

Deswegen verbindet Benedikt die Hingabe im Gebet mit der Hingabe in der Arbeit: ora et labora. Zur Spiritualität gehört, sich zum Menschen hin loszulassen und sich zugleich der Arbeit hinzugeben.

Ursula Nuber[13] hat einmal ein Buch geschrieben mit dem Titel »Die Egoismus-Falle«. Die zentrale Forderung Jesu ist: Liebe deinen Nächsten wie dich selbst. Früher hat man nur den Nächsten gesehen. Heute sind wir in Gefahr, nur uns selbst zu sehen. Auf einmal führt das zur Isolierung.

》》 David Steindl-Rast

»Liebe deinen Nächsten wie dich selbst« ist in meinen Augen eine falsche Übersetzung. Richtig übersetzt aus dem Hebräischen heißt es ausdrücklich – und da habe ich mehrfach nachgefragt: »Liebe deinen Nächsten *als* dich selbst.« Man könnte auch im Hebräischen sagen »*wie* dich selbst«, aber das wurde vermieden. Es heißt ausdrücklich »*als* dich selbst«. Es gibt nur *ein* Selbst, und das hast du mit deinem Nächsten gemeinsam. Lieben heißt »Ja sagen, Ja *leben* zur Zugehörigkeit«. Das Selbst ist das, zu dem wir gehören, ob wir es wollen oder nicht. Es geht darum, einzusehen und zu erleben, dass es nur ein einziges Selbst gibt, das sich in so vielen »Ich-en« ausdrückt – das eine Selbst. Das haben alle großen spirituellen Traditionen entdeckt. Im Hinduismus wird es »Atman« genannt, im Buddhismus »Buddha-Natur« oder das »Antlitz, das du hattest, bevor du geboren wurdest«, im Christentum heißt es das »Christus-Selbst«. »Christus lebt in mir«, sagt Paulus. Das ist dieses Selbst. Die großen Traditionen kennen das.

»Liebe deinen Nächsten *als* dich selbst«, bedeutet also: Werde dir bewusst, dass dein Nächster und du eins sind. Sag Ja zu dieser Zugehörigkeit im Selbst. Dein Ich und das Ich deines Nächsten sind zwei verschiedene Ausdrücke dieses einen Selbst. Vielleicht könnten wir sagen: Die unzähligen »Ich-e«, die es gibt, sind alle da, weil das eine große Selbst so unerschöpflich ist, dass es sich immer wieder neu ausdrücken will in jedem Einzelnen von uns. Das ist auch für unser persönliches Leben so wichtig. Wir leben als »Ich«. Mein »Ich« war vor 90 Jahren noch nicht da, und niemand hat es vermisst. Es ist einmal entstanden. Und es wird einmal – in sehr vorhersehbarer Zeit – einfach nicht mehr da sein. Aber das Selbst, mein Selbst steht über der Zeit. Je mehr ich mein Gewicht auf das Selbst verlege, desto mehr bin ich selbst über die verfließende Zeit erhaben. Das Selbst ist nicht in der Zeit. So würde ich das sehen.

>> Anselm Grün

Ich würde es nicht so sehen wie im Buddhismus, dass die Person total aufgelöst wird. Ich denke schon, dass im Christentum die Person einmalig bleibt, aber dass wir im Tiefsten eins sind mit dem anderen. Dieses Selbst als dein Selbst bedeutet für mich, dass die Natur des Menschen die gleiche ist und wir deshalb im anderen uns selbst sehen können oder – wie du sagst – »Christus in uns« oder die »Buddha-Natur« – das kann ich schon verstehen. Aber: C. G. Jung sagt ja, dass wir vom Ich zum Selbst kommen sollen. Im Selbst ist auch Gott immer schon dabei. Das tiefste Sein ist dabei.

Ego, Angst und Nichts – oder:
Die abenteuerliche Entdeckung des Selbst

In der Geschichte des Christentums wurde die Selbstliebe lange Zeit auf vielerlei Arten und Weisen denunziert. Es wurde dabei missachtet, dass der Mensch ein Ich haben oder gewinnen, also sich seiner selbst bewusst werden muss, um es loslassen zu können und dann das Selbst zu entdecken. Es ist also wichtig, ein Ego zu haben und sich dessen bewusst zu werden. Dann erst kann man und muss man es auch zurücklassen.

 Anselm Grün

Erstens wird das Ego immer da sein. C. G. Jung sagt: In der ersten Lebenshälfte ist es wichtig, ein starkes Ego zu entwickeln; in der zweiten Lebenshälfte geht es um das Selbst. Aber das heißt nicht, dass das Ego total weg ist. Jesus sagt: »Verleugne dich selbst« – das bedeutet: Distanziere dich von deinem Ego. Werde frei von deinem Ego. Aber ich bin skeptisch, wenn einer auf seinem spirituellen Weg sagt: Ich bin ganz frei von meinem Ego. Ich bin nur noch selbst. Die Gefahr ist, dass er mit solchen Aussagen sein eigenes Ego aufbläht und sich als etwas Besonderes fühlt und sich über andere stellt.

>> David Steindl-Rast

Ich glaube, wir brauchen da drei Begriffe: Selbst, Ich und Ego. Wir arbeiten im Moment nur mit zwei Begriffen: mit dem Selbst und dem Ego. Ich finde es hilfreicher, wenn man sagt: Das Selbst drückt sich durch das Ich aus. Manchmal sagen wir »ich« und manchmal, wenn wir betonen wollen, »ich selbst«. Das ist etwas total Positives – ich selbst. Jetzt kann aber das Ich das Selbst vergessen. In dem Augenblick bekommt das Ich Furcht, weil es nur ein kleines vereinzeltes Ich unter so vielen anderen ist. Aus dieser Furcht entspringt dann das Ego. In dem Augenblick, in dem das Ich das Selbst vergisst, schrumpft es zusammen, und das nenne ich das Ego. Was das Ego kennzeichnet, ist Furcht. Aus der Furcht kommen Aggression, Konkurrenzkampf und Geiz. Furcht, dass nicht genug da ist, dass mir jemand etwas wegnehmen könnte, macht geizig. Der Konkurrenzkampf beginnt aus Furcht, dass jemand mir zuvorkommen könnte. Aggression, Konkurrenzkampf und Geiz sind typisch für das Ego, weil es sein Selbst vergessen hat. Im dem Augenblick, in dem sich das Ich wieder an das Selbst erinnert, braucht es keine Furcht zu haben, weil wir ja alle ein Selbst sind, je verschiedene Ausdrücke des einen Selbst. Wenn ich keine Furcht habe, fällt die Gewalt, die Rivalität weg. Jetzt habe ich Respekt vor dem anderen und bin zur Zusammenarbeit bereit. Ich kann teilen, weil wir ja alle zusammengehören. Das Bewusstsein unserer Verbundenheit im Selbst ändert alles radikal.

Also: Vielleicht können wir uns einigen auf einen Diskurs, der von dem Selbst spricht, das sich in dem Ich ausdrückt, in vielen verschiedenen, ganz einzigartigen »Ich-en«, und das Ego nur als verfälschte Form des Ichs sehen – ein Vergessen des Selbst, ein Vergessen, wer ich wirklich bin.

>> Anselm Grün

Gut, ich sehe das Ego zweifach. Es gibt das egozentrische Ego, das das Selbst vergisst. Aber es gibt auch das Ego als Antrieb. Zum Beispiel: Wenn ich eine Predigt halte, will ich natürlich durchlässig sein für den Geist Jesu. Aber das Ego ist dabei, weil ich es gut machen will. Das ist ein Antrieb. Nur muss ich das Ego durchlässig werden lassen. Das Ego ist nicht nur von Angst besetzt. Es ist von Angst besetzt, wenn ich nur um mein Ego kreise und es behaupten muss. Aber das Ego ist auch ein Antrieb, das immer durchlässig gemacht werden muss. Insofern muss ich mich vom Ego immer wieder distanzieren und sagen: Nein, es geht nicht um mich, sondern um etwas Größeres.

>> David Steindl-Rast

Ich stimme vollkommen damit überein, nur drücke ich es ein bisschen anders aus. Wir brauchen einen Ausdruck für das Negative, und ich nenne es das »Ego«. Das andere würde ich mein richtiges »Ich-Bewusstsein« nennen, ein Bewusstsein meiner Einzigartigkeit, meiner Interessen, meiner Begabungen, auch meiner Schwierigkeiten. Wäre Helen Keller[14] nicht blind gewesen, wäre sie nie diese große Lehrerin geworden. Ich stimme dir schon zu: Wir brauchen diesen Antrieb. Das müsste man schon dazu sagen. Das für den Antrieb durchlässige Ich ist eben im vollen Sinn des Wortes selbst-bewusst.

Der Unterschied, den ich bei Ihnen beiden jetzt wahrgenommen habe, dreht sich um den Begriff des Selbst: Ich habe bei Ihnen, Bruder David, gehört, dass wir im Grunde alle gemeinsam ein Selbst sind, während ich bei Pater Anselm gehört habe, dass es einen Unterschied gibt zwischen dem Ego und dem Selbst – das Selbst ist noch mein Selbst –, aber in der Erkenntnis meines Selbst kann ich die Verbindung zum Selbst des anderen bekommen. Da gibt es eine Verbindung im Selbst, während es im Ego ein Trennung gibt. Habe ich das richtig verstanden?

Anselm Grün

Ja, ich würde das Selbst als die Mitte bezeichnen, wo ich eins bin und mit den anderen verbunden. Aber ich würde uns nochmals als dieses einmalige Bild Gottes beschreiben, dass jeder Mensch ein einzigartiges Bild ist, dass jeder Mensch Gott auf einmalige Weise ausdrückt, und das ist dann deiner Sicht ähnlich. Jeder ist ein einmaliges Bild Gottes, aber jeder drückt Gott aus. Und du sagst ja auch: Jeder drückt das Selbst aus. Und das Selbst ist letztlich das göttliche Bild von uns.

 David Steindl-Rast

Ja, das Selbst ist ja das göttliche Selbst. Aber ich würde gerne noch nachfragen. Du hast es kurz erwähnt: Wenn ich mich finde, finde ich auch Gott. Wie hast du das gemeint?

 Anselm Grün

Wenn ich frage: Wer bin ich eigentlich?, dann werde ich nicht nur auf meine Lebensgeschichte kommen, auf meine Kindheit und alles Weitere, sondern: Wer bin ich? – Dieses Ich ist letztlich ein Geheimnis, das kann ich auch nicht beschreiben, genauso wenig, wie ich Gott beschreiben kann. Das alttestamentliche Verbot, sich ein Bild von Gott zu machen, gilt letztlich auch für das Ich. Ich spreche davon, dass Gott sich ein Bild von mir gemacht hat, aber dieses Bild kann ich nicht mehr beschreiben. Jesus sagt im 24. Kapitel des Lukasevangeliums nach der Auferstehung: »Ego eimi autòs« – »Ich bin ich selbst.« (Lk 24,39)

Die Exegeten gehen darüber hinweg, aber »autòs« (»selbst«) ist für die stoische Philosophie das innerste Heiligtum des Menschen. Ich gebe manchmal den Leuten als Übung auf, sich tagsüber bei jeder Gelegenheit immer wieder zu sagen: Ich bin ich selbst. Da merke ich schnell, wie oft ich nicht ich selbst bin, sondern eine Rolle spiele und mich beweisen muss. Ich bin ich selbst – wenn ich das immer wieder meditiere, dann stoße ich auf das Göttliche, kann es aber nicht mehr beschreiben. Ich habe nur eine Ahnung.

>> David Steindl-Rast

Wir sind uns selbst Geheimnis. Ich mache einen weiteren Schritt, und zwar mit Martin Buber[15] und Ferdinand Ebner[16]: Ich bin durch Dich so Ich. Das sagt der amerikanische Dichter E. E. Cummings: »I am through you so I.« – In dem Augenblick, in dem ich »ich« sage, setze ich das Du voraus. Und das ist kein Konglomerat der vielen »Du-s«, die ich in meinem Leben treffe; mein großes Du ist keine Verallgemeinerung dieser vielen, sondern geht ihnen allen voraus, geht über sie alle hinaus. Das kann man auch daran erkennen, dass keine unserer Begegnungen uns wirklich letztlich zufriedenstellt. Vielleicht einen Augenblick lang, aber dann stirbt dieses Du früher oder später. Wir sind auf ein überzeitliches Du angelegt. Das ist eben dieses göttliche Du. Wir finden es nie völlig verwirklicht in diesem Leben.

Woran zeigt sich, dass wir auf ein überzeitliches göttliches Du angelegt sind? – Stellen Sie sich einen Agnostiker vor, der sagen würde: »Wovon reden Sie da eigentlich? Ich spüre das nicht.« Für den Agnostiker ist das eine reine Behauptung.

>> David Steindl-Rast

Nur Ich zu sagen setzt schon ein Du voraus. Jeder Mensch ist als Ich auf ein Du hin angelegt. Dann kann man ihn fragen: Bist du diesem Du schon einmal völlig verwirklicht begegnet?

Anselm Grün

Ich würde zu dem gleichen Ergebnis von einem anderen Ansatz her kommen. Jeder Mensch sehnt sich danach, zu lieben und geliebt zu werden. Wir machen auf diesem Weg Erfahrungen von Erfüllung und Enttäuschung, von Verzauberung und Verletzung. Es wird nie so sein, dass jemand mich so liebt, dass ich für immer satt bin. Das Ziel ist, durch Erfüllung und Enttäuschung nicht nur zu lieben und geliebt zu werden, sondern Liebe zu sein und Liebe zu werden. Auf dem Grund meiner Seele entdecke ich dann die Quelle der Liebe, die letztlich Gott ist.

Da kann man natürlich einwenden: »Das ist nur Wunschdenken. Wir wünschen uns das, aber in Wirklichkeit existiert diese reine Liebe nicht.« Ich würde mit einer Erfahrung antworten, von der mir einmal eine Frau erzählt hat: »Ich habe meditiert, und auf einmal war ich Liebe. Es war keine Liebe zu einem bestimmten Menschen, sondern Liebe ist einfach aus mir geströmt, in mein Zimmer, zu den Blumen, zu den Tieren, zu den Menschen, in die Natur hinaus.« Manchmal gibt es solche Erfahrungen von Eins-Sein. Aber wer so ein Eins-Sein noch nie erfahren hat, tut sich schwer, das zu verstehen.

David Steindl-Rast

Mir genügt das. Das ist überzeugend aus der Erfahrung. Ich glaube, das ist auch die Antwort, die ich dem Agnostiker geben würde: Wenn du es jetzt noch nicht sehen kannst, bist du nicht verpflichtet, es anzunehmen. Warte, bis du es erlebst. Das ist keine dogmatische Feststellung, die wir dir aufzwingen wollen. Wir wollen nur sagen: Millionen Menschen erleben das als Erfahrung. Du kannst es auch erfahren. Lass dich darauf ein.

Ich habe noch einen anderen Weg gefunden, wie man Leuten diese Bezogenheit auf das göttliche Du nahebringen kann: Wir können uns bewusst machen, dass wir unser Leben nicht als eine Aufeinanderfolge von Ereignissen erleben, sondern als eine Lebensgeschichte. Das kommt daher, dass wir unsere Geschichte ständig einem Du erzählen. Aber dieses Du, dem wir unsere Geschichte erzählen, finden wir nie ganz in Raum und Zeit verwirklicht. Selbst wenn wir unseren liebsten Freunden unsere tiefste Erfahrung erzählen wollen, kommt sie nie ganz an. Sie scheint für unser ewiges Du bestimmt.

Dazu fällt mir eine Begebenheit mit Henri Nouwen[17] ein, den ich gut gekannt habe. Er ist viel gereist und hatte einen großen Kreis von Studenten um sich, die ihn liebten und verehrten. Damals war noch die Zeit, wo man von Reisen Dias mitgebracht und vorgeführt hat. Nach 30 Dias wurde es den Studenten ein wenig langweilig. Darum sagte er manchmal: »Ich weiß schon, wie es sein wird, wenn ich in den Himmel komme. Der liebe Gott wird sagen: Henri – da bist du ja! Zeig mir deine Dias!« – Das wünschen wir uns alle. Wir sehnen uns nach dem großen Du, das unsere Lebensgeschichte hören will und sie auch versteht.

Was wollen wir ausstrahlen? – oder: Von der Berufung, der Tapferkeit und der Angst

Wer bin ich eigentlich? Was soll ich noch tun? Wofür braucht es mich noch auf dieser Welt? – Gerade Menschen in der Mitte ihres Lebens erfahren: Mein »Turm des Lebens« ist gebaut. Das Leben geht seinen Gang. Ist da eigentlich noch etwas? Es geht um die Frage der wirklichen Berufung, die sich dann nochmals stellen kann. Was ruft mich? Wie komme dazu, diesen Ruf zu hören und ihm zu entsprechen? Wie öffne ich mich dem Ruf, dass ich ihm auch folgen kann?

Anselm Grün

Jeder gräbt mit seinem Leben eine Spur in diese Welt ein. Du musst da gar nichts Großes leisten. Du stehst jeden Morgen auf. Du sprichst mit Menschen. Du hast eine Ausstrahlung – was möchtest du ausstrahlen? Bitterkeit, Unzufriedenheit, Einsamkeit oder Verständnis, Wärme und Liebe? Dazu ist noch keine besondere Leistung notwendig. Das geschieht alleine dadurch, wie ich mein Leben lebe. Durch die heutige Quantenphysik weiß man, dass alles miteinander verbunden ist. Die Spur, die ich eingrabe, die prägt auch die Welt. Das Zweite ist: Was ist mein Auftrag? Was ist meine Sendung? Spüre ich da etwas? Aber die Sendung muss nicht außergewöhnlich sein: Vater und Mutter sein, mein Beruf, in den Kreisen, in denen ich bin, Menschen verbinden und vernetzen. Manche haben vielleicht einen besonderen Ruf: nach Afrika oder sonst wohin zu gehen. Aber das muss nicht immer so groß sein. In der deutschen Sprache spricht man nicht vom »job«, sondern vom Beruf, und das hat mit Berufung zu tun. Ein Beruf kann auch ein Ruf sein. Das sind die beiden Wege: Mein Leben zu leben und da eine Spur einzugraben und zu vertrauen, dass dadurch die Welt ein Stück heller wird, und ein Beruf, der mit Berufung zu tun hat. Mir hat einmal eine Frau, die depressiv war, gesagt: »Was soll ich für eine Spur in der Welt eingraben? Ich komme ja mit mir selbst nicht zurecht.« Ich sagte ihr: »Keiner erwartet von Ihnen eine Spur der Fröhlichkeit. Aber wenn Sie Ja sagen zu Ihrer Depression, dann geht von Ihnen eine Spur von Geheimnis aus, dass das Leben tiefer ist und auch eine dunkle Seite hat, aber auch eine Spur der Hoffnung.« Das ist wichtig – welche Spur möchte ich eingraben? Das Zweite ist dann der Ruf, die Sendung von außen.

>> David Steindl-Rast

Das leuchtet mir vollkommen ein. Ich habe aus meiner eigenen Erfahrung drei einfache Fragen gefunden, die ich mir stellen muss, wenn ich nicht weiß, was ich machen soll – das kann eine kleine Entscheidung sein oder eine sehr große.

Das Erste, was ich mich frage, ist: Was würde mich freuen? Das bringt heraus, was an mir das Einzigartige und Beste ist. Was würde mich wirklich freuen?

Die zweite Frage (in diesem Rahmen, was mich wirklich freuen würde): Wozu bin ich begabt? Es ist erstaunlich, dass sich Leute manchmal etwas wünschen, wozu sie überhaupt nicht begabt sind. Man möchte etwas tun, hat aber überhaupt keine Begabung dafür. Ich beispielsweise würde wirklich gerne Inlineskates fahren können. Das stelle ich mir wie den Himmel vor, so dahinzugleiten. Manchmal träume ich davon. Aber ich habe keine Begabung dazu. Also: Was würde mich wirklich freuen *und* was kann ich?

Dann kommt die dritte und wichtigste Frage: Was bietet mir das Leben an? Und hier kommt die Berufung ins Spiel. Das Leben ruft mir etwas zu, bietet mir diese Gelegenheit, die ich beim Schopf packen muss. Meine Zusammenarbeit mit dem, was das geheimnisvolle, immer wieder überraschende Leben mir von Augenblick zu Augenblick anbietet – darauf kommt es an.

Aber um sich diese Fragen zu stellen, müssen manche aus dem Modus der Angst herauskommen. Viele Menschen bleiben in einer Spur des Tuns und Immer-mehr-Tuns dessen stecken, was nicht mehr funktioniert, weil dahinter die Angst steckt: Wenn dahinter sich etwas anderes zeigt, was mich wirklich ruft, dann müsste ich etwas loslassen. Dann bricht vielleicht etwas zusammen, was ich in meinem Leben aufgebaut habe. Damit kann ich aber nicht umgehen – sei es materielle Sicherheit oder eine Beziehung, was auch immer. Die größte Feindin der Freiheit und ihres Rufs ist ja die Angst, die uns klein macht. Was sind da Ihre Erfahrungen?

 Anselm Grün

Es ist einmal die Angst vor der Begrenzung und die Angst davor, bestimmte Gewohnheiten loszulassen. Viele haben sich in ihrem Leben eingerichtet. Sie möchten zwar etwas tun, vielleicht einmal nach Afrika gehen, aber dann könnte ich ja nicht Urlaub machen oder nicht mit meinen Freunden reden. Also man hat sich so in Gewohnheiten eingerichtet, dass man zwar etwas möchte, aber nicht loslassen möchte. Denn eine Entscheidung für etwas ist auch eine Entscheidung, etwas loszulassen, Gewohnheiten oder Beziehungen. Da erlebe ich heute eine Angst. Man hat sich bequem eingerichtet im Leben und denkt, dass das alles notwendig ist. Dann träumt man von großen Sachen, aber – wenn du sagst: Was macht mir Freude? – dann kommen die kleinen Freuden, die man nicht loslassen will um der großen Freude willen.

David Steindl-Rast

Ich finde es hilfreich, zwischen Angst und Furcht zu unterscheiden. Angst kommt wie der Name sagt von Enge. Angst ist unvermeidlich im Leben und sie ist irgendwie verbunden mit der Erinnerung an den engen Geburtskanal. Mir liegt das besonders nahe, weil meine Mutter eine schreckliche Geburt mit mir hatte, die fast zwei Tage gedauert haben soll. Unbewusst steckt diese Angst immer noch in mir. Ich bin dann mit der rechten Hand zuerst rausgekommen – entsetzlich.

Immer wieder kommen wir im Leben in die Enge, das lässt sich nicht vermeiden. Aber Furcht zu haben heißt, sich gegen diese Enge zu sträuben. Der Widerstand gegen die Angst ist die Furcht: Ich möchte keine Angst haben. Die Tapferkeit ist auch mit Angst verbunden. Man kann nicht tapfer sein, wenn man keine Angst hat. Aber die Tapferkeit nimmt die Angst an. Wenn man tapfer ist, hat man Angst, aber trotzdem erliegt man nicht der Angst. Ja, ich bin jetzt in der Enge, und da muss ich eben durchgehen ins Weite. Das ist Tapferkeit.

Darum halte ich es für wichtig, zwischen Angst und Furcht zu unterscheiden. Aber wie überwindet man die Furcht, obwohl man Angst hat? Meine Antwort ist: Alle Furcht ist aus einem Stück. Wenn man hier oder dort ein bisschen die Furcht überwindet, hat man schon begonnen, die ganze Furcht zu überwinden. Setz dich der Angst aus, wo du es gerade noch wagst.

Das haben wir schon als Kinder gelernt. Wenn uns die Eltern in den dunklen Kartoffelkeller oder ins dunkle Gartenhaus geschickt haben, um etwas zu holen, dann durften wir erfahren, dass nichts von dem passiert ist, was wir befürchtet hatten. Es geht also darum, Schritt für Schritt die Furcht zu überwinden, indem wir so viel Angst anzunehmen lernen, wie wir gerade noch können. Wir sagen dann: Ja, ich gebe zu, ich habe Angst, aber den Mut soll mir das nicht nehmen. Dass die Furcht das Widerstreben gegen die Angst ist, das ist eine

Einsicht, die uns helfen kann. »Fürchte dich nicht!« heißt also: »Hab Mut, und nimm die Angst in Kauf!«

 Anselm Grün

Wenn ich mit Menschen spreche, treffe ich oft auf die Angst, sich zu blamieren, Fehler zu machen, die Angst, abgelehnt zu werden oder zu versagen. Es sind ganz bestimmte Bilder, die man hat. Dann wäre die Angst die Einladung, meine Einstellung zu ändern. Ich muss nicht bei allen beliebt sein. Ich muss nicht perfekt sein. Die Angst ist die Einladung, Mensch zu sein mit meinen Begrenzungen.

 David Steindl-Rast

Ich muss zugeben: In diesem Feld passt das Bild von der Enge nicht so sehr. Vielleicht könnte man das umgehen und sagen: Wann immer wir mit Angst konfrontiert werden, drückt es uns den Brustkorb zusammen. Dann fühlen wir die Enge der Angst körperlich. Trotzdem nicht nachzugeben, das ist Furchtlosigkeit. Wenn ich widerstrebe, sage ich: Das kann ich nicht. Und das macht mich klein in all diesen Fällen, die du erwähnt hast. Ich fühle mich in die Enge getrieben, wie man sagt, und ziehe mich zurück, anstatt gerade durch die Enge den Weg zur Weite und Freiheit zu finden. »Die Enge *ist* der Weg«, sagt Kierkegaard.

Es gibt heute auch einen Druck, der von den großen Freiheitsmöglichkeiten ausgeht. Das sehen wir beispielsweise in der »Selbstverwirklichungs-Gesellschaft«, die den Imperativ postuliert: »Du musst dich selbst verwirklichen! Dein Leben ist ein Projekt, und du musst aus dir etwas machen.« Der Hintergrund dieses Imperativs ist die Idee, dass das Leben die letzte

Gelegenheit ist. Marianne Gronemeyer hat darüber ein Buch geschrieben.[18] Dieser Imperativ beinhaltet eine versteckte Drohung: Wenn du das jetzt nicht in die Hand nimmst und nichts aus dir machst, dann hast du verloren und bist überflüssig.[19] Dieses extreme »Carpe diem – nutze den Tag« kann manche in eine große Verzweiflung stürzen. Der Aufruf zur Selbstperfektionierung[20] ist enorm anstrengend, und dieser Druck ist vielleicht einer der Gründe, weshalb viele Menschen in ein seelisches Burn-out geraten. Sehen Sie etwas, das den Druck nimmt, etwas aus sich machen zu müssen und sich selbst zu perfektionieren?

>> Anselm Grün

Der Anspruch, immer perfekt sein zu müssen, erzeugt Angst. Ich lebe dann immer in der Angst: Ich schaffe es nicht. Mein Projekt ist nicht gut genug. Deshalb stellt man sich in der Öffentlichkeit immer besser dar und muss sich präsentieren. Die Angst zeigt mir die übertriebenen Ansprüche in meinem Leben. Mein Projekt muss nicht das Beste sein. Viele halten aber an der Vorstellung fest, dass ihr Projekt das Beste sein müsse. Sie wollen die Angst unterdrücken – entweder mit Psychopharmaka oder sie unterdrücken es spirituell. Das geht aber nicht. Ich kann die Angst nur verwandeln, wenn ich meine Einstellung verwandle: Ich muss nicht das beste Projekt auf der Erde haben.

Menschen, die Angst haben vor ihrer eigenen Durchschnittlichkeit, sage ich: Du musst betrauern, dass du so bist, wie du bist und nicht der Beste in der Welt. Du musst also durch den Schmerz durchgehen und dann Ja sagen zu dir selbst. Die zu großen Bilder machen Angst. Viele wollen an den Bildern festhalten und zugleich die Angst loswerden. Aber das geht leider nicht. Ich kann die Angst nur überwinden, wenn ich die Bilder verabschiede. Die Angst ist für mich eine Einladung, mich von den zu großen Bildern zu verabschieden.

David Steindl-Rast

Dieser Ausdruck gefällt mir besonders gut: Die Angst zu verwandeln. Mut verwandelt die Angst. Mut sträubt sich nicht gegen sie, sondern verwandelt sie. Er verwandelt den Stein, über den wir sonst stolpern, in einen Stein, auf dem wir eine Stufe höher steigen können. Im Zusammenhang mit der Sinnfrage heißt das für mich: Es geht um die Gelegenheit, die mir jetzt geboten wird. Wie gehe ich damit um? Wir wollen Sinn finden. Meist vergessen wir die notwendige Unterscheidung zwischen Zweck und Sinn. Um den Zweck geht es, wenn ich etwas erreichen will und dafür arbeiten muss.

Aber das Spiel hat Sinn und dabei muss ich gar nichts erreichen. Man tanzt nicht, um an ein Ziel zu kommen. Man spielt Musik, um Musik zu spielen. Das hat keinen Zweck als Endpunkt. Die Unterscheidung zwischen Sinn und Zweck bietet, glaube ich, einen günstigen Blickwinkel, um auf die Einstellung zu schauen, die du beschrieben hast. Man spielt mit dem Leben. Wenn es sinnvoll ist, braucht es keinen Zweck. Es kann auch zweckvoll sein. Wir haben viele Zwecke im Leben, die es aber mit Sinn zu erfüllen gilt, dadurch, dass wir Arbeitshaltung mit Spielhaltung verbinden. Wenn die Arbeit spielend vor sich geht, dann wird sie sinnvoll. Solange sie nur Arbeit bleibt, ist sie Schinderei.

Ich möchte noch über eine Dimension reden, die wir vorhin schon angesprochen haben: Nämlich die Beziehung zwischen Ego und Selbst. Was macht uns denn eigentlich Angst, wenn wir in der Angst gefangen sind? Was ist denn das?

>> David Steindl-Rast

Auch das Ich hat Angst, aber das Ego ist dadurch gekennzeichnet, dass es sich fürchtet. Wenn ich mich fürchte, weiß ich: Hier spricht nicht mein Ich-Selbst, sondern mein Ego. Das Ego fürchtet sich, weil es sich vereinzelt fühlt. Das Ego hat seine Beziehung zum Selbst vergessen. Damit beginnt es, aus dem Ich in das Ego zusammenzuschrumpfen. Weil es jetzt meint, allein zu sein, hat es Angst. Da sind all die anderen, die mich bedrohen könnten. Ich muss mich zum »Lebenskampf« rüsten. Es ist auch nicht genug da für so viele. Wie komme ich da voran? Ich muss die anderen niedertreten, und an mich reißen, was ich kann. Diese Haltungen sind nur zu offensichtlich in unserer Gesellschaft.

>> Anselm Grün

Oder das Ego will ständig imponieren und hat Angst, nicht genügend imponieren zu können. Das Ego kämpft immer um Anerkennung und Bestätigung, Geltung und Zuwendung. Das sind alles äußere Dinge.

Der Philosoph Martin Heidegger unterscheidet zwischen dem »eigentlichen« und dem »uneigentlichen« Selbst.[21] Es geht um das eigentliche Leben. Also wegzukommen von dem »man«: was man so denkt, was man so tut und so weiter. Es geht also um Eigenständigkeit oder Selbstständigkeit im Wortsinn: selbst stehen zu können. Das bedeutet zugleich, dass ich etwas brauche, worauf ich stehen kann, was mich trägt. Auf dem »man« kann ich nicht stehen. Das verändert sich mit der Zeit und den kollektiven Stimmungen und Moden. Ich brauche also etwas Tieferes, weil ich sonst keine Selbstständigkeit habe.

 David Steindl-Rast

Das ist schön ausgedrückt: »Das eigentliche und das uneigentliche Leben«, das habe ich noch nicht so verwendet, aber das würde ich mir gerne aneignen. Das eigentliche Ich ist das Ich-selbst. Und das Uneigentliche, das ich eigentlich nicht selbst bin, ist das Ego.

 Anselm Grün

Also ich unterscheide zwischen Verändern und Verwandeln. Heute gibt es ja in der Esoterik- und Psychoszene ständig Projekte des Veränderns. Ich kenne Menschen, die sich seit zehn Jahren ständig verändern und doch die gleichen bleiben. Denn im Verändern steckt gleichzeitig etwas Aggressives: Ich muss anders, ein anderer Mensch werden. Beim Verändern richte ich mich nach äußerlichen Maßstäben: Ich muss so sein wie der oder so erfolgreich werden wie der. Die Veränderung zielt immer auf eine Nachahmung ab. Verwandlung heißt: Ich würdige mich so, wie ich geworden bin. Alles darf sein. Aber es ist noch nicht das Eigentliche durchgebrochen. Mit dem Eigentlichen meine ich, ganz ich selbst zu werden oder – religiös gesprochen – das einmalige Bild Gottes zu werden. Das Ziel der Verwandlung ist, dass das Eigentliche durchbricht.

Da gibt es eine schöne rabbinische Geschichte, die diesen wichtigen Unterschied illustriert. Ein Rabbiner betet: »O Gott, mach mich wie Abraham.« Die Stimme Gottes sagt: »Ich habe schon einen Abraham. Ich will dich!«

Abschied von infantilen Gottesbildern – oder: Dem göttlichen Geheimnis auf der Spur

Seit Anbeginn der Kultur haben Menschen versucht, mit den von ihnen als göttlich empfundenen Mächten in Dialog zu treten. Sie haben die Natur als numinos erfahren und Blitz, Donner, Erdbeben, Regen und Überschwemmungen und so weiter als Produkt eines überall wirkenden Göttlichen gedeutet. Später haben sie diesen Naturphänomenen auch Namen gegeben. Sie haben den Göttern Menschen, Tiere und Pflanzen geopfert. Sie fürchteten die Götter und verehrten sie. Doch diese Formen der Opfer-Religion haben die Menschen auch entzweit und in Kriege getrieben: Welcher Gott ist stärker? Meiner oder deiner? Im Namen des jeweiligen Gottes wurde Gewalt ausgeübt, und Machtstrukturen wurden errichtet. Welche Gottesbilder sind dafür verantwortlich und welche Bilder von Gott stärken dagegen die lebensbejahenden Kräfte?

>> Anselm Grün

Die Juden hatten am Anfang auch ihren Kriegs-Gott, der stärker war als all die anderen. Aber das ist später schon innerhalb Israels vergeistigt worden. Gott ist der Gott aller Menschen. Es geht nicht um einen Stammesgott, den ich für mich und mein Volk benutzen kann. Gott ist der Vater von uns allen. Wir brauchen Gott nicht zu besänftigen. Wir brauchen vor Gott nicht Angst zu haben, dass er uns schaden würde. Gott als »tremendum« bedeutet: betroffen sein von ihm, Ehrfurcht haben. Letztlich ist die Angst vor Gott, dem dämonischen Gott, die Angst vor mir selbst, vor den Dämonen in meiner Seele. Das wurde oft auf Gott projiziert. Für mich ist Gott der Gott aller Menschen, den ich nicht vereinnahmen kann und der mich befreit. Vor ihm darf alles sein. Ich brauche nichts Negatives auf ihn zu projizieren. Meine Erfahrung aus der geistlichen Begleitung sagt mir, dass das Selbstbild und das Gottesbild miteinander korrespondieren. Wenn jemand ein strafendes Gottesbild hat, dann hat es wenig Sinn, mit ihm darüber theoretisch zu diskutieren. Sondern ich frage: Warum hast du es nötig, dich selbst zu bestrafen? Hast du so viel Angst vor deiner eigenen Psyche, vor den Tendenzen in deiner Seele? Musst du das so kontrollieren, weil du solche Angst hast? Darum geht es. Gott ist der, dem ich meine ganze Wahrheit hinhalten kann. Ich muss vor nichts in mir Angst haben, sondern bin bedingungslos geliebt.

 David Steindl-Rast

Mir scheint die Antwort auf die Frage, warum Menschen sich selbst bestrafen, damit zu tun zu haben, dass sie die Angst, die ihnen jemand gemacht hat, verinnerlicht haben. Du hast dich identifiziert mit jemandem, der dir Angst gemacht hat. Da komme ich wieder auf die ursprüngliche Frage zurück. Ich glaube, dass die Darstellung der frühen Religiosität eine zwar weit verbreitete, aber dennoch ein Missverständnis ist. Die sogenannten »Primitiven«, die zum Beispiel die Sonne anbeten, wissen viel besser, dass die Sonne nur Bild des Göttlichen ist, als die Anthropologen, die ihnen in die Schuhe schieben, dass sie die Sonne als einen Gott verehren. Ich glaube, es gibt keine Götzenverehrer. Die Götzenverehrer sind immer die »anderen«. Wenn wir vor dem heiligen Antonius beten, ist es genauso, wie wenn ein Hindu vor dem Ganesha betet. Sie beten vielleicht vor einer bestimmten Statue besonders gerne, aber das heißt nicht, dass sie diese Statue *anbeten*. Man findet das auch schon in den Psalmen, diese Verteufelung des Götzenbildes. Uns ein Bild machen zu wollen, das ist mehr etwas Innerliches. Das Äußerliche sieht man gleich. Das ist aus Holz, Gold oder Stein. Das Gottesbild, das wir innerlich haben, das kann sehr leicht zu einem Götzenbild werden und ist es, solange wir unveränderlich daran hängen.

>> Anselm Grün

Wenn die Bibel vom strafenden Gott redet, dann hat es durchaus eine Bedeutung. Aber nicht, dass Gott der willkürlich Strafende wäre. Sondern das heißt einfach: Das Leben ist so. Die Welt ist so. Du kannst nicht einfach willkürlich gegen dein Wesen leben. Strafe ist die Folge der Realität.

Könnte man so sagen: Wenn man von Gott als Richter spricht, dann sollte man das nicht missverstehen in einem juristischen Sinn, sondern dass Gott richtet, indem er etwas in Ordnung bringt?

>> David Steindl-Rast

Wir sagen ja auch: Der Papa wird es schon richten. Und meinen damit »in Ordnung bringen« oder »wiedergutmachen«. Wenn Gott als Richter erscheint, richtet er die Welt zurecht.

>> Anselm Grün

Ja, es kann auch »ausrichten« bedeuten. Das Gericht will uns auf Gott hin ausrichten. Albert Görres[22] sagt: Wir müssen uns vor den infantilen Bildern hüten. Es sind Bilder unserer Wirklichkeit, aber die dürfen wir nicht auf Gott als einen kleinkarierten Richter projizieren.

David Steindl-Rast

Du hast vorhin gesagt: Das Leben ist das große Geheimnis. Und das Leben hat eine Richtung. Man kann mit dem Leben lebensbejahend sein oder lebensverneinend. Was das genau im Einzelfall bedeutet, kann nur im Einzelfall entschieden werden. Aber wir wissen, dass das Leben eine Richtung hat und etwas will. Deshalb können wir auch vom Willen Gottes sprechen. Das Leben ist, wenn auch nur Bild, so doch das entsprechendste Bild für das Geheimnis, das wir Gott nennen. Die biblische Tradition spricht immer wieder vom »lebendigen Gott«, vom »Gott des Lebens«.

Wenn wir vom Richten Gottes im Sinne des »In-Ordnung-Bringens« sprechen: Was wäre dann die Gerechtigkeit Gottes, auf die Generationen von unterdrückten Menschen immer vertraut haben? Sie glauben ja daran, dass Gott das Böse, unter dem sie gelitten haben, überwinden wird. Unzählige Menschen sind getötet und gefoltert worden, man ließ sie verhungern, sie wurden ausgegrenzt und vergessen und wurden von den Machthabern auf den »Misthaufen der Geschichte« geladen. Dieser Schrei der Empörten darf doch nicht verhallen. Sie wollen zu ihrem Recht kommen – so gut es geht in diesem Leben, aber wenn nicht, zumindest im ewigen Leben.

Anselm Grün

Die Psalmen bitten Gott, dass er jetzt Gerechtigkeit schafft. Das ist wichtig. Der jüdische Philosoph Max Horkheimer[23] sagt: Es gibt ein Grundgesetz der menschlichen Seele, dass die Mörder nicht über die Opfer triumphieren dürfen. Das Bild vom Letzten Gericht bestätigt das und will sagen: Kein Täter kann ungerichtet zu Gott kommen. Gericht ist aber auch die Hoffnung, dass jeder ausgerichtet werden kann. Wenn einer sich ausrichten lässt, dann können Täter und Opfer auch wieder zusammen leben, wenn sie sich ausrichten lassen auf Gott. Aber beide müssen ausgerichtet und gerichtet werden, damit ein Miteinander möglich ist. Viele kritisieren das als eine Vertröstung auf später. Deshalb ist es wichtig zu sehen: Die Psalmen schreien nach Gerechtigkeit hier. Darum muss die Kirche aktive Anwältin für die Gerechtigkeit in dieser Welt sein. Sie soll nicht nur darum beten, sondern auch kämpfen. Auch das Letzte Gericht ist nur ein Hoffnungsbild ...

>> David Steindl-Rast

... für die Armen! Ein Hoffnungsbild für die Armen und ein Schrecken für die Reichen, dann, wenn sie mit ihrer finanziellen Macht unterdrücken, ausbeuten und Ungerechtigkeit schaffen, aber nicht weil sie viel Geld haben. Es gibt viele Reiche, die arm sind, und viele Arme, die reich sind. Krister Stendahl[24], ein lutherischer Bischof aus Schweden und wunderbarer Exeget, hat immer gesagt: »Wenn die Gerichts-Perikopen vorgelesen werden, dann freuen sich die Armen, die sich nach Gerechtigkeit sehnen, und die Unterdrücker schaudern.« So sollte es auch sein.

Wovor sollten die Unterdrücker schaudern? Heute würde doch ein total Säkularisierter das Letzte Gericht für einen unbeweisbaren Mythos halten und das für irrelevant erklären. Wovor sollte der denn Angst haben?

>> David Steindl-Rast

Das Leben – und nicht irgend so ein Gott, der im Himmel sitzt und dann herunterkommt und bestraft – erlaubt nur Dinge, die lebensbejahend sind. Wer etwas Lebensverneinendes tut, hat doch immer irgendwie ein schlechtes Gewissen, weil wir Menschen spüren, dass das Leben Gerechtigkeit will. Martin Luther King Jr. hat es so ausgedrückt: »Der Bogen der moralischen Wirklichkeit ist weit gespannt, am Ende aber neigt er sich zur Gerechtigkeit.«

Ich möchte diese Frage noch verschärfen. Wenn ich beispielsweise an die Militärdiktaturen denke, die in der Zeit von 1965 bis 1985 in fast jedem lateinamerikanischen Land herrschten. Wie viele Generäle und Folterer sind da ungeschoren davongekommen! Sie wurden zuerst geschützt von der Justiz, vielleicht in hohem Alter verurteilt, haben aber öffentlich keine Reue gezeigt über ihr Verhalten oder sind bald gestorben. Wenn man weiß, wie viele tausend Menschen damals verschwunden sind, gefoltert wurden, umgebracht wurden. Das ist doch ein Schlag ins Gesicht der Opfer, wenn sie merken, dass ihre Peiniger nicht einmal ein schlechtes Gewissen haben oder es vielleicht sogar nachträglich rechtfertigen, weil sie das Land angeblich vor dem Kommunismus geschützt hätten.

 Anselm Grün

Wenn jemand einen anderen tötet, tötet er immer etwas in sich selbst. Man kann nicht ungeschoren ungerecht sein. Irgendwo rächt sich das. Nach außen sind sie vielleicht ungeschoren davongekommen und haben sich bis ins hohe Alter als Sieger gefühlt. Aber ihre Seele war trotzdem kaputt. Und dann ist dieses Letzte Gericht oft die letzte Hoffnung für die Opfer, dass keiner ungeschoren – an der Wahrheit vorbei – zu Gott kommt. In den Psalmen finden wir diese Spannung: Warum geht es dem Guten so schlecht und dem Bösen so gut? Das ist eine Grundfrage, mit der die Psalmisten ringen. Aber sie sagen: Du wirst gerechtfertigt. Es ist das Leiden an dieser Ungerechtigkeit und die Hoffnung, dass Gott jetzt schon Gerechtigkeit schafft – spätestens im ewigen Gericht.

David Steindl-Rast

Die Antwort, die du auf die Frage der Ungerechtigkeit vorschlägst, bedeutet letztlich: Wir sehen nicht genug. Dem würde ich beipflichten. Dann ist etwas in mir, das ich zu überwinden hoffe, das schreit: Die sollten doch bestraft werden. Dann ist auch etwas in mir, das von mehr Liebe getragen ist: Denn das ist ja die größte Strafe und das größte Geschenk zugleich, dass ihnen gezeigt wird, wie falsch ihr Tun war und dass sie sich bekehren. Natürlich können wir das nicht nachweisen. Aber wir können hoffen und vertrauen, weil das mehr in die Richtung des Lebens geht. Wir wissen ja gar nicht, was im Tod vor sich geht. Ein Augenblick kann ja ein Leben beinhalten. In den Augenblicken des Todes kann es noch sein, dass ihr ganzes Leben zusammenbricht, dass sie sehen, was sie Schlechtes gemacht haben, und sie das zutiefst bereuen. Ich glaube, dass diese Reue tief im Menschen liegt, wenn er nur klar genug sieht. Wenn er das sieht, ist es die größte Strafe und zugleich seine Bekehrung. Das könnte die Art sein, wie Gott richtet.

Ich provoziere Sie nochmals: Der chilenische General Pinochet hat sowohl als Diktator als auch später als Verurteilter die katholische Kirche besucht, die Kommunion empfangen und sich vermutlich nicht schlecht gefühlt dabei.

» Anselm Grün

Er hat das nach außen getan, hat sich als Katholik im Recht gefühlt. Aber irgendetwas war in seiner Seele sicher kaputt. Man kann nicht ungeschoren auf lange Sicht gegen die Wahrheit leben. Irgendwann kommen die inneren Zerrissenheiten heraus, auch wenn ich mich nach außen als korrekt darstelle, spätestens im Tod. Keiner kann an seiner

Wahrheit vorbei zu Gott kommen. Keiner kann an dem Schmerz über das, was schiefgelaufen ist, vorbeikommen. Karl Rahner[25] sagt: Im Tod kann die Seele ganz über sich verfügen, und dann erkennt sie die ganze Wahrheit. Hier erkennen wir immer nur einen Teil der Wahrheit. Je mehr wir an uns vorbeigelebt haben, desto schmerzlicher ist es. Zugleich besteht die Hoffnung, dass selbst die Ungerechten noch umkehren können, aber sicher nicht am Schmerz und an der Wahrheit vorbei.

 David Steindl-Rast

Man muss wirklich festhalten, dass die Beispiele, von denen wir gerade reden, skandalös sind. Dieses Unrecht ist unaussprechlich ...

Dabei habe ich ja nicht einmal über Hitler gesprochen, der unsere Geschichte in Deutschland und Österreich so geprägt hat, und auch nicht über Stalin und seine Gräueltaten.

 David Steindl-Rast

Ja. Wenn wir aber noch einmal zurückkommen auf das Selbst, das Ich und das Ego. Da erscheint mir ein Bild sinnvoll: Das eine Selbst ist wie ein Puppenspieler, der mit vielen Puppen spielt. Das sind unsere Rollen. Unsere Rolle beginnt, wenn wir empfangen werden, und endet, wenn wir sterben. Dann legt das Selbst diese Puppen weg. Mein Ich spielt dann keine Rolle mehr, und mein Selbst sieht, was ich angerichtet habe. Da kann ich dann lachen oder weinen, gerichtet und ausgerichtet werden. So kann ich mir das bildlich vorstellen.

Kapitale Verwechslungen – oder:
Von der Versuchung, Wahrheit besitzen zu wollen

Heute über Gott zu sprechen ist in mindestens zweifacher Hinsicht problematisch. Dann, wenn man genau zu wissen glaubt, wer Gott ist, was er vom Menschen will und wie Leben und Gesellschaft demgemäß zu verwirklichen sind. Das ist die fundamentalistische Versuchung. Wer meint, im alleinigen Besitz der Wahrheit über Gott zu sein, neigt dazu, seine Vorstellungen um jeden Preis, auch um den Preis der Gewalt, durchzusetzen und anderen aufzuzwingen. Die zweite problematische Weise hat mit dem Gegenteil dessen zu tun: über Gott gänzlich zu schweigen, ihn auszublenden, zu negieren, sich der Frage überhaupt nicht zu stellen. Gibt es einen dritten Weg zwischen der Versuchung zum Wahrheitsbesitz und der Versuchung der gänzlichen Negation und Ausblendung Gottes?

》》 David Steindl-Rast

Ich würde es in einem Wort sagen: Der dritte Weg ist echte Lebendigkeit. Die Fundamentalisten sind nicht lebendig, weil das Leben fließend ist, immer überraschend. Dem gegenüber verschließen sie sich vollkommen. Die anderen, die sich einfach nicht um diese Fragen kümmern, die sind nicht lebendig, weil sie sich der tiefsten Wirklichkeit des Lebens verschließen und sich dem Geheimnis des Lebens nicht stellen. Wenn wir wirklich lebendig sind, dann sind wir wach für das Geheimnis, anerkennen aber zugleich den Überraschungscharakter der Lebendigkeit – des lebendigen Gottes.

Dabei ist es gar nicht notwendig, hier ausdrücklich von Gott zu reden. Viele Menschen, die das Wort Gott ständig im Mund führen, reden gar nicht über Gott, sondern über eigene Götzen. Andere Menschen, die von Gott nichts wissen wollen, indem sie das Wort Gott nicht verwenden, die können wirklich gläubig sein. Glaube ist ja nicht ein Für-wahr-Halten oder Gott-im-Mund-Führen. Glauben heißt Vertrauen – letztlich auf das Leben. Wenn wir auf das Leben vertrauen, vertrauen wir auf die Quelle des Lebens. Das ist Gott, die göttliche Quelle der Lebendigkeit.

>> Anselm Grün

Wenn einer sagt, er glaube nicht an Gott, würde ich fragen: An welchen Gott glaubst du nicht ...?

Wir müssen gewisse Gottesbilder ablegen. Du sprichst vom Leben: Ich würde mit Karl Rahner eher vom Geheimnis sprechen. Geheimnis beschreibt etwas, was größer ist als ich selbst und was ich nicht fassen kann. Dann sind wir bei der Schönheit. Wenn ich Musik höre, begegne ich dem Geheimnis. Wenn ich in die Natur gehe, kann ich das erfahren. Das Staunen-Können, das Berührt- und Ergriffen-Werden von dem Geheimnis – das wären für mich Zeichen, ob jemand glaubt. Die Fundamentalisten teilen andere Menschen in Gläubige und Nichtgläubige ein. Jeder von uns ist gläubig und nichtgläubig. Jeder hat eine gottlose Seite an sich, und auch der Zweifel gehört zum Glauben. Der Zweifel reinigt den Glauben. Dass ich Gott nicht mit meinen Gottesbildern identifiziere, sondern immer frage, wer ist dieser Gott? Wir brauchen Bilder von Gott, sonst könnten wir nicht von ihm sprechen, und zugleich müssen wir wissen, dass Gott jenseits aller Bilder ist.

>> David Steindl-Rast

So wie die Angst zum Mut gehört, so gehört der Zweifel zum Glauben. Suzuki Roshi[26] hat einmal einen langen Vortrag über den Glauben gehalten. Ich hatte als junger Student gar nicht für möglich gehalten, dass ein buddhistischer Lehrer über Glauben spricht. Er hat ganz richtig über das Vertrauen gesprochen und darüber, dass das Gegenteil des Glaubens die Furcht ist. Er sagte: »Macht euch nichts daraus, wenn ihr Furcht habt. Das ist wie der Gegenwind, wenn ihr schnell auf einem Fahrrad dahin rast. Klopft euch auf die Schulter und seid stolz, dass ihr so viel Angst habt, denn der Glaube erzeugt diese Angst. Aber wenn ihr Mut habt, könnt ihr sie überwinden. Solange euer Mut nur eine Nasenlänge der Angst voraus ist, seid ihr schon gläubig.«

Lassen Sie mich nochmals Ihr Wort von den Gottesbildern aufgreifen. Denn das ist ein ganz wichtiger Punkt. Wenn man heute über Atheismus spricht, könnte es sein, dass es dabei eigentlich um einen Spiegelkampf unterschiedlicher Gottesbilder geht, die unglaubwürdig sind und die ein aufrecht gläubiger Atheist ablehnt. Er hält es kraft seiner Vernunft für unwürdig, ein bestimmtes Gottesbild zu glauben. Man kann ja von fundierten Atheisten sehr viel lernen. Es scheint eine große Weisheit der Bibel zu sein, dass sie ein Bilderverbot ausgesprochen hat, ein Verbot, das wir auch im Islam wiederfinden. Sie wusste um die Gefahr der Täuschung und der Illusion, die mit den menschlichen Gottesbildern einhergeht. Auf welche Weise können wir Gott heute jenseits dieser Bilder erfahren?

≫ Anselm Grün

Mit einem Atheisten ist es immer wichtig darüber zu diskutieren, was er nicht glaubt. Er hat meist ein Gottesbild, das zu kleinkariert und zu eng ist. Er hält Gott für ein Seiendes[27] und nicht ein Sein, um mit Heidegger zu sprechen. Das Paradox ist, dass es sich bei Gott um ein Geheimnis handelt, das uns übersteigt. Trotzdem haben wir als Christen den Mut, dieses Geheimnis mit »Du« anzusprechen. Gott ist aber nicht eine konkrete Person, die wir festmachen können, sondern dieses unbegreifliche Geheimnis kann mich berühren wie ein »Du«, das mich anspricht, so wie das auch Martin Buber sagt: Gott ist dann nicht nur die Tiefe des Seins. Ich wehre mich immer gegen die Festlegung: »Gott ist nichts als der Grund des Seins«. Gott ist der Grund des Seins. Aber Gott ist auch die Liebe, die Energie in uns und in allem, und zugleich ist er immer noch mehr. Alle Sätze über Gott dürfen das Geheimnis nicht festlegen, sondern müssen es offen halten. Max Horkheimer sagt: Die Kirchen haben die Aufgabe, die Sehnsucht nach dem ganz Anderen wachzuhalten, und dadurch leisten sie einen wichtigen Beitrag zur Humanisierung der Gesellschaft. Denn die Gesellschaft hat totalitäre Züge. Sie möchte ganz über den Menschen bestimmen. Gott ist der, der uns frei atmen lässt, wo der Mensch nicht verzweckt ist. Heute wird alles von ökonomischen Gesichtspunkten bestimmt. Wir erleben eine Totalisierung der Ökonomie. Da ist Gott der Freiraum, der uns atmen lässt.

Die sogenannte »negative Theologie«[28] versucht ja, über Gott etwas auszusagen, indem sie sagt, was Gott nicht ist. Gott ist nicht so und nicht so … Aber woher lässt sich sagen, dass Gott nicht so ist. Ich muss ja eine Erfahrung haben, auf die ich mein (Nicht-)Wissen gründe.

Anselm Grün

Diese Erfahrung kann man nur erahnen. Sie ist unbeschreiblich. Aber dennoch ist dieses Unbeschreibliche, Unbegreifliche eine Erfahrung, die mich in der Tiefe anrührt. Kontemplative Mönche nennen das so: Ich blicke durch, aber ich sehe nichts Bestimmtes. Das ist ein Augenblick wie eine Erleuchtung bei den Buddhisten, wo es zu einer inneren Klarheit kommt.

David Steindl-Rast

Das ist eigentlich die Antwort auf die Frage, warum sich die Vertreter verschiedener Gottesbilder befinden: Weil sie nicht aus Erfahrung und Ahnung sprechen, sondern aus der Begrifflichkeit. Sie glauben, es zu begreifen. Aber was wir begreifen können, das ist sicher nicht Gott. Denn *per definitionem* ist Gott das Geheimnis. Darum stimmen die Mystiker in allen Traditionen völlig überein, weil sie aus der Erfahrung und Ahnung reden. Für diese Erfahrung muss man sich Zeit nehmen. Also Meditation. Aber auch sehr beschäftigten Menschen wird das immer wieder geschenkt. Eine Mutter, die sich den ganzen Tag um ihre Kinder sorgt, hat keine Zeit für Meditation. Sie sieht das Kind mit Liebe an, und das Kind sieht die Mutter an. Das ist ja schon Begegnung und Erfahrung, wo dieser tiefere Grund aufblitzt, der über alle Namen hinausgeht. Das ist eine Berührung mit dem Unaussprechlichen.

Normalerweise würde ich sagen: Ein Mensch sollte Meditation in das tägliche Leben einbauen, um wirklich Mensch zu werden. Wie er das macht, hängt ab von seiner Persönlichkeit und den Lebensumständen. Aber sehr viele Menschen, die nie darüber sprechen können, weil ihnen die Bildung und das Vokabular dafür fehlen, kennen das viel besser als wir, die wir klug darüber reden. Die Bauernkinder und die Hirten, die das Vieh unter freiem Himmel hüten und abends ein Feuer anzünden, erleben tiefgreifende Begegnungen mit einer unbegreiflichen Wirklichkeit. Das gehört zum Menschsein dazu auf allen Ebenen. Das ist nicht nur eine Sache für Hochgebildete, die sich dafür Zeit nehmen und genügend Geld haben, um sich ein spirituelles Einkehrwochenende zu leisten.

Darf ich noch etwas hinzufügen zu dem, was wir vorhin gestreift haben: nämlich, dass Gott häufig von Autoritäten dazu verwendet wurde, um uns Furcht einzujagen. Autoritäre Autoritäten sind immer darauf bedacht, den Menschen Furcht zu machen, weil sie dann willfährig werden. Warum eignet sich das göttliche Geheimnis so gut dazu, dass man damit Furcht erzeugt? – Weil zu der Erfahrung des Heiligen dieses Schaudern dazugehört. Das Heilige fasziniert uns und lässt uns erschaudern. Wir sprechen daher zurecht von Gottesfurcht. Dieses Schaudern wird aber dann dazu missbraucht, den Menschen Furcht zu machen, und es ist im Laufe der Geschichte ungeheuer oft in dieser Weise missbraucht worden. Ehrfurcht vor Gott und Mut vor den Menschen gehören aber untrennbar zusammen. Recht verstanden ist die Gottesfurcht die Kehrseite des Mutes, sich voll einzusetzen für Gerechtigkeit.

»Dead man rising« – oder: Jesus Christus und der Buddha

Christen glauben, dass Jesus mehr ist als einer unter vielen Religionsstiftern. Sie glauben, dass Jesus Gottes Sohn ist. Sie glauben, dass Gott selbst in diesem geschichtlichen Jesus, im Zimmermann von Nazareth, Mensch geworden ist zum Heil aller Menschen. Sie glauben sogar, dass er, der gekreuzigt wurde, von Gott von den Toten auferweckt wurde und wiederkommt am Ende aller Tage, um die Lebenden und die Toten zu richten. Diese christlichen Glaubensinhalte müssen bei einem Muslim oder einem Juden, die ja ebenfalls an Gott glauben, geschweige denn bei einem humanistischen Agnostiker oder einem Atheisten zunächst einmal Kopfschütteln hervorrufen. Für diese muss das völlig absurd erscheinen. Ist dieser christliche Glaubenskern überhaupt mit den Mitteln der Vernunft kommunizierbar? Oder muss man nicht als aufgeklärt denkender Zeitgenosse sagen: »Solche Glaubensüberzeugungen gehören in den Bereich des Mythos. Jesus mag das historische Vorbild eines herausragenden Menschen gewesen sein, so wie es einige davon gibt in der Geschichte. Aber alles andere darüber hinaus ist fromme Dichtung«?

>> Anselm Grün

Es gibt heute eine Tendenz, Jesus festzulegen: Jesus war nichts als ein besonders religiös begabter Mensch oder ein Religionsstifter. Das ist eine Weise, wie wir uns von seinem Anspruch befreien, ihn objektivieren und beurteilen, nach dem Maßstab, was zeitbedingt ist und was mir passt oder nicht passt. Für mich ist Dogmatik die Kunst, das Geheimnis offen zu halten. Wenn ich sage: Jesus war Gottes Sohn, dann weiß ich noch lange nicht, was das bedeutet. Aber ich halte das Geheimnis offen und den Anspruch. Ich kann mich dem Anspruch Jesu nicht entziehen. Die Worte Jesu haben einen absoluten Anspruch auf mich. Natürlich muss ich versuchen, sie immer wieder im jeweiligen Kontext zu verstehen. Dass Jesus Gottes Sohn ist, ist ein Geheimnis. Heinrich Böll[29], der sicher kein konservativer, sondern ein skeptischer Christ war, sagt: Für mich ist es wichtig, dass Jesus nicht nur Mensch war, sondern Gottes Sohn, sonst wird das zu einer romantischen Erzählung.

Jesus war ganz und gar Mensch, und wenn wir von ihm als »Gottes Sohn« sprechen, meinen wir den Anspruch, dass durch ihn Gott zu uns spricht. Diese Worte können wir nicht zurechtbiegen. Sie stehen uns gegenüber. Das ist der Anspruch: Gott spricht zu uns durch den Menschen. Karl Rahner nennt Jesus die »absolute Selbstmitteilung Gottes«. Gott hat sich auch anders mitgeteilt, aber in Jesus absolut. Es ist ein Geheimnis, das wir nie ganz erklären können, aber das Geheimnis stehen zu lassen, das ist für mich wichtig.

Gott entzieht sich uns ja immer wieder. Auch in der Meditation muss ich mich immer wieder fragen, ob das nun eine Idee oder eine Projektion ist. Jesus steht uns konkret gegenüber. Wenn ich seine Worte lese und höre, dann wird Gott für mich konkreter. Natürlich schaue ich Gott nicht direkt. Jesus sagt zwar: »Wer mich sieht, sieht den Vater« (Joh 12,45), aber auch das ist ein Geheimnis. Doch Gott wird durch Jesus konkreter und nicht mehr ein Spielball meiner eigenen Projektionen, in denen ich mir Gott nach meinen eigenen Ideen vorstelle. Er begegnet mir, fordert mich heraus und verunsichert mich. Jesus ist für mich eine Gestalt, die ganz präsent ist und an der ich nicht vorbeigehen kann.

David Steindl-Rast

Für mich ist es wichtig, zunächst einmal zu fragen, was die christliche Tradition meint, wenn sie sagt: »Jesus ist der Sohn Gottes.« Ich halte es für problematisch, wenn man jemandem einfach das Dogma an den Kopf wirft. Da müssen wir zunächst fragen, was »Sohn Gottes« heißt, und das ist zunächst eine exegetische Frage. Auf die gehe ich jetzt nicht ein. Dann würde ich zwei Schritte vorschlagen. Zunächst einmal würde ich das – weil wir ja als Christen gefragt sind – aus der christlichen Tradition beantworten. Und da ist eine wichtige Stelle der Stammbaum Jesu bei Lukas (Lk 3,23–38).

Er führt den Stammbaum Jesu über viele Vorfahren zurück bis zu »Adam, Sohn Gottes« (Lk 3,38). Adam ist nicht der Name des ersten Menschen, sondern »Adam« heißt einfach »Mensch«. *Wir* sind Adam. Also sind wir »Sohn Gottes«. Das ist der Ausgangspunkt. Wenn wir »Sohn Gottes« genannt werden, entsteht daraus die nächste Frage: Wie können wir wissen, was es heißt, »Sohn Gottes« zu sein? Die Antwort ist: Wir wissen es aus unserer Erfahrung. Wir sind Kinder des Lebens. Das Leben bringt uns hervor, es schenkt uns wie eine Mutter immer wieder genau das, was wir brauchen. Das Leben aber ist eine Begegnung mit dem unergründlichen Geheimnis, das wir Gott nennen.

Wenn wir alle also Kinder Gottes sind, warum soll dann Jesus nicht Sohn Gottes sein? Daraus folgt die Frage: Ist er nicht auf ganz einzigartige Weise Sohn Gottes? Darauf würde ich sagen: Sicher in einer ganz einzigartigen Weise, erstens weil jeder von uns schon in einer einzigartigen Weise Sohn Gottes ist. Wir sind alle einzigartig. Zweitens ist Jesus noch einzigartiger, weil er für uns überhaupt der Anstoß ist, darüber nachzudenken, was es heißt, Sohn Gottes zu sein. Das ist auch eine große Einzigartigkeit.

Dann muss man bei diesen Aussagen nochmals unterscheiden zwischen Jesus und Christus. Es ist ja kein Zufall, dass im Neuen Testament manchmal Jesus gesagt wird und manchmal Christus. Ich verstehe das so, dass Jesus in jeder Weise ein Mensch ist wie wir – das sagt auch die christliche Dogmatik –, aber Christus ist das uns allen gemeinsame Selbst. Jesus ist das Ich von Jesus; Christus ist das Selbst – unser Selbst und das Selbst von Jesus. Diese Unterscheidung darf man nicht schlampig verwischen. Manches darf nur über Christus ausgesagt werden, anderes nur über Jesus. Sonst entsteht Verwirrung. Wenn man diese Unterscheidung beachtet, dann kann das eine große Hilfe sein. Manche Menschen finden leichter Zugang zu Jesus, andere leichter zu Christus. Christus ist eine Wirklichkeit, die ich in mir selbst finden kann, mein Selbst.

Jesus dagegen ist ein Mensch unter anderen Menschen in der Weltgeschichte. Wir halten als Christen beides zusammen. Wir glauben an Jesus Christus. Wenn es nur um den Christus in uns ginge, dann hätten wir nichts, an dem wir unsere Vorstellungen von dieser Christuswirklichkeit überprüfen könnten. Wenn es nur um Jesus ginge, nur um einen anderen Menschen, dann könnte er mir bestenfalls äußeres Vorbild werden. Wenn ich aber beides zusammenhalte, dann erkenne und anerkenne ich in Jesus Christus den Maßstab für mein eigenes volles Ich-selbst-Werden. Auch unter diesem Gesichtspunkt dürfen wir als Christen seine Einzigartigkeit verstehen. Mit Christus bin ich in meinem innersten Wesen verbunden.

 Anselm Grün

Sohn Gottes kann man verschieden erklären. Die Juden nennen ja auch David und die Könige »Sohn Gottes«. Sohn Gottes heißt, ein Geliebter Gottes zu sein. Die Griechen haben das aber seinsmäßig ausgedrückt. Jesus »ist« Sohn Gottes. Es gab Exegeten, die sagten, das sei eine Verfälschung. Das glaube ich nicht. Aber es ist trotzdem ein Geheimnis. Natürlich war Jesus eine geschichtliche Gestalt und ganz und gar Mensch, wie das auch das Dogma über ihn ausdrückt. Gott und Mensch ist in ihm unvermischt und ungetrennt. Das ist eine große Weisheit. Er ist ganz und gar Mensch, und trotzdem ist in ihm ganz und gar Gott. Diese Spannung muss man aushalten. Ich habe einige Jesus-Bücher gelesen. Für die einen ist er ein Rebell, für die anderen ein Religionsgründer, für andere wiederum ein religiös begabter Mensch. Aber all das sind Versuche, ihn einzuordnen, aber auch sich letztlich seinem Anspruch zu entziehen. Da wird er genauso wie eine andere historische Figur beurteilt und über ihn gesagt, was mir an ihm gefällt und was nicht. Wenn wir sagen, er ist Gottes Sohn, dann kann man nicht sagen, das gefällt mir oder gefällt mir nicht, sondern das ist ganz und gar ein Anspruch an mich.

>> David Steindl-Rast

Ich stimme völlig überein, aber es geht doch darum, *wie* wir das sagen. Darum ringen wir jetzt. Es gibt eine Ebene des Diskurses, auf der wir sagen können, er ist eine historische Persönlichkeit wie andere auch, weil er Mensch ist wie andere auch. Wenn man das zugibt, hat man Wohlwollen gewonnen und nichts dabei verloren. Doch jetzt sagen wir: Es geht um viel mehr. Wir begeben uns damit auf eine andere Ebene des Diskurses. Jetzt wollen wir etwas über den Menschen Jesus und zugleich über uns selbst aussagen: Wir sind *alle* Sohn Gottes. Das ist wichtig. Der geschichtliche Jesus hat uns allen geholfen zu sehen, was »Sohn Gottes« bedeutet. Das eröffnet uns Dialogmöglichkeiten mit anderen Traditionen, weil wir ihnen nichts aufzwingen müssen mit unserem Dogma. Stattdessen sagen wir: Aus eurer eigenen religiösen Erfahrung könnt ihr nachvollziehen, was »Sohn Gottes« für euch bedeuten könnte. Jede Tradition versucht auf ihre eigene Weise auszudrücken, in welcher Beziehung wir Menschen zur letzten Wirklichkeit stehen; wir Christen drücken es so aus: Jesus Christus ist (und wir alle sind) »Sohn Gottes.«

Das reizt mich natürlich zum Widerspruch. Stellvertretend für Fundamentalisten würde ich argumentieren: Sie kennen doch das Bibelwort: »Niemand kommt zum Vater denn durch mich.« (Joh 14,6)

 Anselm Grün

Karl Rahner hat diese Stelle bereits sehr gut ausgelegt.[30] C. G. Jung sagte: Jesus war Mensch, aber er hat im Menschen das Selbst aktiviert. Er ist der Archetyp des Selbst geworden. Und Rahner sagt: Jeder, der seinem Gewissen folgt – ganz gleich, welcher Religion –, der wird im Tod Gott begegnen und auch dem Bild Jesu, das er unbewusst gesehen hat. Rahner versucht, von der Philosophie her nachzuweisen, dass der Mensch in jedem Gedanken Gott als Horizont mitdenkt. Und zum inneren Wissen des Menschen gehört auch, dass Gott geschichtlich handelt und es deshalb auch wahrscheinlich ist, dass er in einem Menschen geschichtlich handelt, dass er eine menschliche Gestalt annimmt. Das wird einem im Tod aufgehen. Im Tod werden wir Gott erkennen und das Geheimnis Jesu erkennen, das wir unbewusst gesucht haben.

Wenn wir uns diesem Jesus überlassen, der unsere tiefste Sehnsucht nach dem Bild Gottes erfüllt, dann ist Jesus der Weg zum Vater.

Jesus sagt: »Ich bin der Weg, die Wahrheit und das Leben.« Ist das nicht ausschließlich gemeint?

 Anselm Grün

Nein. Alle Worte der Bibel dürfen nicht ausschließlich gelesen werden, sondern sie sind positive Zusage. Man kann dieses Wort verstehen: Wenn ich auf diesen Jesus schaue, mich mit ihm beschäftige, dann geht mir die Wahrheit auf. Wahrheit ist griechisch »aletheia«, was »Unverborgenheit« heißt. Das meint, der Schleier über den Dingen wird weggezogen, und ich blicke durch. Da finde ich einen Weg, da finde ich Leben. Ich kann es auch umgekehrt deuten. Überall dort, wo mir die Wahrheit aufgeht, wo ich lebendig bin, da habe ich eine Ahnung von Jesus, begegne ich Jesus. Wenn Gott im Alten Testament sagt: »Ich habe dich auserwählt. Ich gebe ganze Völker für dich hin« (Jes 43,1–4), dann ist das eine positive Zusage und nicht eine, die andere Völker prinzipiell ausschließt. Er trifft dadurch keine negative Aussage über die anderen.

David Steindl-Rast

Wenn ich wohlwollend zuhöre, nehme ich das an, wenn du sagst: »... ich begegne Jesus.« Aber der Satz: »Ich bin der Weg, die Wahrheit und das Leben« stammt aus dem Johannesevangelium. Das ist ein Evangelium, das über Jesus Christus mit starker Betonung auf Christus spricht. Ich hätte an deiner Stelle gesagt »... begegne ich Christus.«

Der Weg, um den es hier geht, ist der Weg zu Gott, der Weg ins große Geheimnis hinein. Wer auf diesem Weg ist, der verwirklicht dadurch das Christus-Selbst. Wenn Jesus Christus bei Johannes sagt, »Ich bin der Weg«, so heißt das nicht: »Ich bin unter all den vielen Wegen der einzige, der ans Ziel führt.« Es muss vielmehr heißen: »Wer sich auf den Weg macht, der ist auf dem Weg zur Verwirklichung des Christus-Selbst.«

Um aber auf dem Weg zu sein, muss ich mich auf den Weg machen. Auf diese Bewegung kommt es an. Beim Straßenschild faul herumzusitzen, heißt nicht, auf dem Weg zu sein, auch wenn ich den Namen auf dem Schild für den einzig richtigen halte. Auf den Straßennamen kommt es nicht an. Wer immer sich aufmacht und geht, ist auf dem Weg. Wer immer die Wahrheit sucht, findet mich – das heißt, die

Christuswirklichkeit in seinem Innersten; und wer diese findet, findet Leben in Fülle.

Ich möchte das Stichwort Bewegung aufgreifen. Wir haben schon an anderer Stelle darüber gesprochen, dass wir – insofern wir in einem unreifen Stadium verharren – von unserem Ego geleitet sind. Dieses Ego ist zerbrechlich und muss sich deshalb ständig beweisen, weil es Angst hat, im Grunde ein Nichts zu sein. Wie kann man diesen Status der Unreife überwinden? – Es scheint so zu sein, dass das Mittel, das stark genug ist, den Menschen zu verwandeln, der Schmerz ist, das Leiden. Wenn wir Jesus und Buddha nebeneinanderstellen und einen Vergleich wagen, sehen wir viele Ähnlichkeiten in Bezug darauf, wie sie menschliche Wandlung denken. Das Mitleiden oder stellvertretende Leiden scheint für beide ein zentraler Weg zur Erlösung zu sein. Was kennzeichnet aus Ihrer Erfahrung diesen Jesus Christus und wie unterscheidet sich seine Lehre von der Buddhas?

 Anselm Grün

Bei Buddha ist das Thema Leiden ganz wichtig. Aber er sieht die Gier und das Verhaftetsein an die Welt als die Ursache für alles Leiden. Indem ich mich von der Welt zurückziehe und mich befreie, werde ich frei vom Leid. C. G. Jung hat einmal ein berühmtes Gespräch mit einem evangelischen Theologen geführt. Jung war zuvor in Indien und sagte: Im Osten versucht man, sich vom Leid zu lösen, indem man sich der Welt entzieht. Im Westen versucht man, das Leid zu betäuben mit Aktivismus und mit Drogen. Der Weg führt aber durch das Leid hindurch, sagte Jung, und zeigte dabei auf das Kreuz. Jesus ist durch das Leid hindurchgegangen. Es gibt also Ähnlichkeiten. Vom Buddhismus kann man vieles lernen, gerade auch die innere Freiheit von der Welt. Aber Buddha stirbt lächelnd, während Jesus schreiend am Kreuz stirbt. Jesus ist für mich auch die Hoffnung für den armen Schlucker, der vielleicht nicht den spirituellen Weg geht, sondern im Leiden stecken bleibt. Das ist ein Unterschied: sich nicht dem Leid zu entziehen, sondern durch das Leid durchzugehen und es zu verwandeln. Natürlich ist es sympathischer, wenn Buddha lächelnd stirbt, aber es ist für mich auch ein bisschen elitär. Ist es wirklich für jeden Menschen ein Weg, auch für den, der mitten im Leiden steckt? Johann Baptist Metz[31], der ja auch kein konservativer Theologe ist, sagt: Das Gedächtnis des Leidens ist ein ganz wichtiger Beitrag zur Leidempfindlichkeit in unserer Welt. Wenn wir leidunempfindlich werden, dann wird unser Leben brutal. Das Mitgefühl und die Barmherzigkeit ist dann das Gleiche bei Jesus und Buddha. Da können wir sicherlich lernen, dass es nicht nur Mitgefühl mit dem Menschen gibt, sondern mit der Natur, der Schöpfung, mit allem.

David Steindl-Rast

Aus meiner Sicht ist es ein großer Beitrag der christlichen Tradition, dass sie das Leiden nicht Gott gegenüberstellt, nach dem Motto: Ich bin von Gott verlassen oder werde von ihm bestraft und darum muss ich leiden. Vielmehr zeigt sie, dass das Leiden zum Leben gehört und das Leben Ausdruck des Geheimnisses ist, das wir Gott nennen. Daher wird das Leiden durch die christliche Tradition vergöttlicht, so wie auch die Freude und das ganze Leben. Leid gehört zum Leben und zum Lebendigsein dazu.

Die christliche Tradition bringt das den anderen Traditionen der Welt als Geschenk mit. Ich hatte in Indien mehrmals die Gelegenheit, in Privatwohnungen die kleinen Altäre zu sehen. Unter all den vielen Götterstatuen und Bildern, die dort stehen, findet man immer wieder dieses eigentlich kitschige Bild vom kniend betenden Jesus am Ölberg, wo der Mond durch die Wolken scheint. Das ist auch bei uns ein häufig reproduziertes Gemälde. Gläubige Hindus sagen: Das ist der leidende Gott. Er ist ihnen wichtig.

Auch ein zweites Erlebnis weist in diese Richtung: Als der Dalai Lama das erste Mal in die USA reiste, war er noch nicht in solch riesigen Gruppen unterwegs. Einmal durfte ich in einer kleinen Gruppe mit ihm zusammensitzen. Ich war der einzige Christ. Da sagte jemand, der der christlichen Tradition sehr kritisch gegenüberstand, zum Dalai Lama: »Ihre Heiligkeit, seit 2000 Jahren suhlen sich die Christen in ihren Schmerzen, während die Buddhisten eine wunderbare Weise haben, das Leid zu überwinden. Was haben Sie dazu zu sagen?« Der Dalai Lama antwortete: »Vorsicht, so einfach ist das nicht. Im Buddhismus wird das Leiden nicht dadurch überwunden, dass man die Schmerzen zurücklässt. Das Leiden wird dadurch überwunden, dass man Schmerzen für andere trägt.« Das ist das Bodhisattwa-Ideal; es ist vom Christus-Ideal nicht zu unterscheiden.

 Anselm Grün

Wenn man wirklich einen religiösen Dialog führt, sieht man auch viele Ähnlichkeiten. Beim Thema Leiden habe ich das noch nicht so gesehen. Sicherlich gibt es das masochistische Suhlen im Leid. Aber für mich ist das Zentrale des Todes und der Auferstehung Jesu die Einübung, das, was mir von außen widerfährt, in einen Akt der Hingabe zu verwandeln. Also die Schmerzen in einen Akt der Liebe zu verwandeln. Meine Mutter hat das sehr einfach ausgedrückt. Am Ende ihres Lebens war sie krank, aber sie war immer fröhlich. Ich fragte sie: Wie schaffst du das? Sie sagte: Das macht nichts. Das opfere ich auf für meine Kinder und Enkelkinder. – Aufopfern war für uns in den Sechzigerjahren sehr negativ besetzt, Sie hatte keine andere Sprache. Aber die Krankheit, die ihr widerfuhr, hat sie in einen Akt der Hingabe für andere verwandelt. Die Enkelkinder waren sehr gerne bei ihr. Es gibt andere kranke Menschen, die dauernd klagen und einem als Gesunden fast ein schlechtes Gewissen vermitteln, wenn man sie besucht. Das ist die Kunst, den Schmerz nicht zu verdrängen, sondern ihn zu verwandeln in einen Akt der Liebe. Wenn das der Dalai Lama ähnlich gesagt hat, dann sehe ich das als eine große Übereinstimmung.

» David Steindl-Rast

Im Vergleichen der Traditionen muss man immer das Beste mit dem Besten und das Schlechteste mit dem Schlechtesten vergleichen. Das Suhlen im Leiden ist das Schlechte im Christlichen und eine seiner Sackgassen. Aber es ist nicht das Typische. Es ist schön, dass du deine Mutter erwähnst. In der Bibel, sowohl in der hebräischen als auch in der griechischen, wird das Leiden häufig mit dem Bild von Geburtswehen verbunden. Das Leiden wird als Geburtsvorgang für größeres und tieferes Leben gesehen. Diese Hingabe beginnt ja bereits bei der Geburt. Um ein Kind in die Welt zu bringen, muss die Mutter leiden.

Bruder David, ich möchte nochmal bei Ihnen nachfragen: Ist es ein geschichtlicher Zufall, dass Sie sich für einen christlichen Weg der Jesusnachfolge entschieden haben? Oder würden Sie heute sagen: Das ist egal, ich hätte auch Buddhist werden können und das wäre auch in Ordnung? Meine Frage bezieht sich auf eine Wahl, weil Sie ja beide Welten – die christliche und die buddhistische – gut kennen.

» David Steindl-Rast

Wenn ich in eine buddhistische Welt hineingeboren und darin erzogen worden wäre, hätte ich vielleicht über das Christentum gar nichts gewusst und wäre wahrscheinlich buddhistischer Mönch geworden, denn Mönch wollte ich werden. Aber ich bin in das Christliche hineingewachsen und froh und dankbar dafür. Ich habe einmal einen Dialog mit Baker Roshi[32] geführt. Er sagte zu mir: »Klammere jetzt einmal alle deine christlichen Überzeugungen ein. Stell dir für die Dauer unseres Gespräches vor, dass die alle falsch sind, damit wir auf einem ebenen Boden Ball spielen können.« Also habe ich einmal versucht, mir das vorzustellen. Es gelang mir nicht gut. Dann habe ich stärker und stärker versucht, mir vorzustellen, dass meine christlichen Überzeugungen falsch sind, aber am Ende musste ich zugeben: »Es tut mir leid. Das kann ich einfach nicht. Ich kann nicht über meinen eigenen Schatten springen. Ich bin Christ. Ich identifiziere mich total damit.« Das heißt aber nur, dass ich mein Menschsein christlich ausdrücke. Das Eigentliche, worüber wir sprechen, ist nicht das Christliche oder das Buddhistische, sondern das allgemein Menschliche. Ich glaube, dass die größte Ehre des Christentums darin besteht, dass es wirklich zum Menschlichen führt. Die größte Ehre des Buddhistischen ist es, dass es ebenfalls zum Menschlichen führt. Das Menschliche ist größer und wichtiger als die Form, in der wir es ausdrücken. Ich glaube schon, dass du das ähnlich siehst, aber du würdest es wahrscheinlich anders sagen?

Anselm Grün

Ich schätze den Dialog mit dem Buddhismus. Ich bin aber auch total Christ. Als Christen dürfen wir den Absolutheitsanspruch nicht fundamentalistisch sehen. Aber ich bin überzeugt, dass bei allen Wegen der christliche Weg Jesu – nicht der, den wir in der Geschichte immer verkündigt haben – der menschenfreundlichste ist. Wer dieser Jesus ist, können wir oft erst im Dialog mit dem Buddhismus und Hinduismus erkennen, denn er öffnet uns die Augen für Seiten an Jesus, die wir in der abendländischen Theologie übersehen haben. Dieser Jesus ist nach wie vor die Herausforderung für mich, weil er die Selbstmitteilung Gottes ist. Wir können ihn tiefer verstehen, wenn wir in das Wesen der anderen Religionen eintauchen.

Der christliche Glaube ist keine Religion der »Gewinner«. Er ist keine Religion, die glaubt, dass man durch das Einhalten bestimmter Verhaltensregeln automatisch das Heil erwirbt. Er glaubt auch nicht, dass man durch immer tiefere Einweihung in esoterische Mysterien Einsichten in höhere Wirklichkeiten erlangt, die den einfachen Menschen prinzipiell verschlossen bleiben. Das Christentum lehrt im Gegenteil, dass jeder Mensch angewiesen ist auf Verständnis und auf Vergebung und die Gnade Gottes. Die jüdisch-christliche Tradition insgesamt und ganz besonders Jesus zeigen, dass es darauf ankommt, an der Seite der Armen zu stehen, den Hungernden zu helfen, die Kranken zu pflegen, die Gefangenen zu besuchen, die Verlorengegangenen zu suchen und zu begleiten. – Warum ist diese Sympathie für die Opfer für Jesus so zentral?

>> Anselm Grün

C. G. Jung sagte einmal: Der größte Feind der Verwandlung ist ein erfolgreiches Leben. Allerdings gibt es in den USA auch eine christliche »Erfolgs-Theologie«: Nur der, der Erfolg hat, ist auch wirklicher Christ. Das ist auch eine Gefahr. Wir sollen Erfolg deshalb nicht negativ sehen. Aber Jesus hat sich den Sündern zugewandt, weil sie offen waren und gespürt haben, dass sie umkehren müssen. Es gibt nämlich eine Selbstgerechtigkeit, in der man sich Gott gegenüber verschließt und damit auch den Menschen gegenüber. Man hält sich für korrekt und in Ordnung. Man rechtfertigt sich und lebt so weiter. Das ist für Jesus ein Gräuel. Er sucht den offenen Menschen, der wahrhaftig ist.

Wer wahrhaftig ist, kennt auch seine Schattenseiten, seine Fehler und Schwächen. Natürlich gab es auch im Christentum Übertreibungen, da wurde zu sehr betont: Du bist schlecht. Du bist ein Sünder. Das ist eine Verfälschung der Botschaft Jesu. Jesus sagt nicht: Du bist Sünder. Er wendet sich den Sündern zu, und er traut ihnen zu, dass sie sich aufrichten können. Die Zuwendung Jesu zeigt, wer Gott ist. Gott schaut jeden Menschen an, nicht nur den erfolgreichen. Das ist ein Hoffnungsbild für jeden Menschen.

>> David Steindl-Rast

Dem stimme ich völlig zu. In diesem Zusammenhang fällt mir die Taufe Jesu ein. Im Markusevangelium – dem historisch ältesten Evangelium – heißt es einfach, dass sich Scharen von Menschen von Johannes taufen ließen und auch Jesus sich taufen ließ. (Mk 1,9–11) Weiter nichts. Im Matthäusevangelium weist Johannes der Täufer Jesus zurück und sagt zu ihm, dass er sich eigentlich von ihm taufen lassen sollte. (Mt 3,1–17) Das ist offensichtlich eine spätere Entwicklung. Wie dem auch sei: Jesus hat sich taufen lassen. Wenn Jesus wirklich Mensch ist, nimmt er teil an der Sündigkeit der Welt – auch wenn er persönlich nicht gesündigt hat. Es gehört zum Menschen dazu, an der Gebrochenheit, an der Absonderung von Göttlichem teilzunehmen. Das hat Jesus als Mensch völlig angenommen und auch dadurch gezeigt, dass er sich taufen ließ. Darüber wird leider selten gepredigt, weil die meisten von der Matthäusstelle ausgehen und nicht von Markus.

>> Anselm Grün

Oder die Versuchung Jesu in der Wüste. Wir haben Jesus als Gottes Sohn oft mythologisch ausgelegt, als ob er nur Gott ist. Er war ganz Mensch und so auch der Versuchung ausgesetzt. Gerade religiös begabte Menschen sind in Versuchung, die Religion zu missbrauchen und sich über andere zu stellen und sich für etwas Besonderes zu halten. Jesus weigert sich in der Versuchungs-Erzählung (Lk 4,1–13), etwas Besonderes sein zu wollen. Er ist ganz Mensch und vollbringt trotzdem Wunder. Er will nicht der Guru sein, dem alle untertänig nachlaufen.

>> David Steindl-Rast

Er geht sogar einen Schritt weiter. Wenn ihn einer als »guter Meister« anspricht, fragt er ihn: »Warum nennst du mich gut? Niemand ist gut, außer einer, Gott.« (Lk 18,19) Dieses Wort ist sicherlich ein Jesus-Wort, denn die Evangelisten hätten ihm so etwas nicht in den Mund gelegt.

Heilige, Sünderin und Herausgerufene – oder: Die Kirche(n) zwischen Sein und Schein

Weltweit gesehen sind die meisten Menschen religiös. Wenn wir aber genauer hinschauen, sehen wir, dass es im Christentum, aber auch in anderen Religionen eine wachsende Unzufriedenheit mit den religiösen Institutionen gibt. Die Menschen sind skeptischer geworden. Das hat möglicherweise auch damit zu tun, dass die organisierte Religion eine Form der »Fastfood-Religion« geschaffen hat und sich selbst weniger auf authentische Gotteserfahrung, sondern mehr auf ein »religiöses Versicherungssystem« verlässt. Das religiöse Leben besteht dann darin, bestimmte Pflichten und Verhaltensregeln zu befolgen, um Teil einer angeblich »überlegenen, erlösten Gruppe« zu sein. Was ist im Gegensatz dazu das Zeichen eines authentischen christlichen Lebens? Was sollte die Kirche als Gemeinschaft der Gläubigen wirklich sein?

Anselm Grün

Die Kirche sollte einmal ein Ort der spirituellen Erfahrung sein, wo Menschen eine eigene persönliche Erfahrung Gottes machen können. Die Kirche soll ein Ort sein, wo Menschen, die verletzt und verwundet wurden in dieser Welt, sich angenommen fühlen. Natürlich ist die Kirche wie jede Institution auch der Versuchung der Macht erlegen. Sie war in der Gefahr, Angst zu machen und den Menschen zu drohen, dass sie nicht in den Himmel kommen. Oder sie erlag der anderen Gefahr, nämlich die Grandiosität der Menschen und ihren Narzissmus zu stärken, indem sie den Menschen sagte: Wenn du betest, bist du etwas Besonderes und nicht so verloren wie die anderen. Das ist auch eine Gefahr, der viele erliegen, die glauben, dass ihnen nichts passieren kann, wenn sie in die Kirche gehen. Das sind eher Bilder, die den Infantilismus und den Narzissmus bestärken und nicht verwandeln. Der kirchliche Weg des Glaubens ist ein Weg, auf dem ich mit meiner ganzen Wahrheit und meinen Schattenseiten Gott begegne, ihm das hinhalte und spüre, dass er das alles verwandeln kann. Das ist für mich das Entscheidende und nicht, dass ich mich über andere stelle. Die Gefahr mancher Fundamentalisten ist die Haltung: Wir sind etwas Besseres, wir stellen uns über andere und erniedrigen sie. Das hat aber nichts mit Verwandlung zu tun.

Mein Philosophielehrer Augustinus Karl Wucherer-Huldenfeld[33] hat einmal gesagt: »Das große Problem beginnt dann, wenn die Verehrer des einen wahren Gottes zu den einzig wahren Gottesverehrern werden.« In dem Moment, wo ich *mich* oder *meine Gruppe* absolut setze, beginnt das Unheil der Religion.

>> David Steindl-Rast

Zum Thema, warum die Mehrheit der Menschen religiös ist, aber sich immer mehr gegen die Religionen wenden, möchte ich noch etwas sagen. Schon in der Frage liegt der Unterschied zwischen der Religiosität und den Religionen. Man kann sagen, dass jeder Mensch religiös ist. Denn es gehört zum Wesen des Menschen, mit dem Geheimnis des Lebens konfrontiert zu sein. Die Religionen sind Ausformungen dieser Religiosität, die sich ausdrücken durch Lehre, Moral und Ritual. Religiosität führt unvermeidlich auch zu Gemeinschaft. Zum Wesen der Religiosität gehört die Erfahrung von Gemeinschaft, nicht nur innerlich mit dem göttlichen Geheimnis, sondern auch äußerlich mit allen Menschen. Wenn aber eine Gemeinschaft größer und unübersichtlicher wird, dann braucht sie Organisation und wird zur Institution. Da beginnt das Problem. Die meisten Menschen haben nicht mit Religiosität ein Problem, sondern mit religiösen Institutionen. Man muss wissen: Jede Institution – egal, ob es sich um eine akademische, eine medizinische oder politische handelt – wurde gegründet, um einen bestimmten Zweck zu verwirklichen. In kürzester Zeit vergisst sie den Zweck, und ihr ganzes Streben zielt darauf ab, sich selbst zu verwirklichen, zu bestätigen und sich größer zu machen. In diese Falle sind alle religiösen Institutionen immer wieder gegangen. Sie haben trotzdem meistens den Vorzug, dass sie uns Wahrheit überliefern. Ich habe noch immer großen Respekt vor der Kirche, nicht weil sie eine Institution ist, sondern als Vermittlerin einer Botschaft.

Ich vergleiche die Tradition mit einer Wasserleitung: Die Kirche leidet unter dem Syndrom einer rostigen Wasserleitung. Wenn wir in unsere unterirdischen Wasserleitungen sehen könnten, würden wir nie wieder Wasser trinken. Aber sie bringen doch reines Wasser, auch wenn sie verrostet sind.

Wir können die Institution auch so ansehen und dann die Kraft, die wir aus dem reinen Wasser schöpfen, dazu verwenden, die lebenspendende Botschaft in kleinen Gemeinschaften immer wieder zu verwirklichen. Darum wird man ja Mönch. Man lebt in einer kleinen Gemeinschaft, die das zu verwirklichen versucht, was die Institution ursprünglich wollte, aber als solche gar nicht verwirklichen kann.

» Anselm Grün

Alle drei Aspekte, die du genannt hast – Lehre, Moral und Ritual – haben etwas Positives und Heilsames. Die Lehre ist dazu da, die Freiheit und Würde des Menschen zu schützen. Sie ist dazu da, dass sich der Mensch richtig sieht. Man sieht das im Negativen, wie beispielsweise das »Dritte Reich« die Menschen durch falsche Bilder verführen konnte. Aber die Gefahr ist, dass die Lehre zur Rechthaberei wird und nicht richtig vom Menschen spricht. Ethik und Moral gehören auch zum Menschen, aber sie unterscheiden sich vom Moralisieren. Wir müssen heute global nach gemeinsamen ethischen Werten suchen, so wie das Hans Küng in seinem Projekt »Welt-Ethos«[34] vorgeschlagen hat. Und das Dritte: Rituale sind heilsam, aber sie können auch missbraucht werden oder zu Ritualismus erstarren. Rituale sind etwas Heilsames für die Seele, wie das auch C. G. Jung vielfach beschrieben hat. Aber wie alles missbraucht werden kann, wurden auch die Rituale von totalitären Staaten missbraucht. Deswegen habe ich Vertrauen, dass es in der Kirche trotz der rostigen Wasserleitungen immer Aufbrüche gibt. Die Kirchengeschichte ist ja voll von Skandalen, aber, Gott sei Dank, auch von heilsamen Aufbrüchen.

» David Steindl-Rast

Von diesen Verirrungen der Lehre und Moral, von denen du sprichst, habe ich ein Bild: Am Anfang steht die Heilsbotschaft, die frohe Botschaft. Die sprudelt lebendig hervor, springt empor wie eine Fontäne klaren Wassers. Aber das Klima unserer Welt ist sehr kalt, und dann friert alles ein. Dann wird aus dem Dogma der Dogmatismus, aus der Moral der Moralismus und aus dem Ritual der Ritualismus. All diese »-ismen« sind eingefrorenes lebendiges Wasser. Die Frage ist, wie wir das Eis wieder zu lebendigem Wasser verflüssigen können. Meine Antwort ist: Mit unserer eigenen Herzenswärme. Wir müssen dieses Eis durch unsere Erfahrung und unser Lebendigsein schmelzen. Das Herz jeder Religion ist die Religion des Herzens.

Im Dialog mit dem Geheimnis – oder: Das »Vaterunser« und die Vertrauenswürdigkeit Gottes

Eines der zentralen Gebete des Christentums, wenn nicht gar das wichtigste, ist das Vaterunser. Jesus lehrt damit seine Jüngerinnen und Jünger, wie sie zu Gott, dem Vater, beten können. Was lässt sich anhand dieses Gebetes über den Dialog des Menschen mit Gott lernen?

 Anselm Grün

Die ersten Worte »Vater *unser* …« verweisen schon darauf, dass wir zu Gott nicht als mein alleiniges Eigentum sprechen können. Wir sind in Gemeinschaft, und er ist unser aller Gott. Wir dürfen ihn nicht für uns benutzen. Dann kommt, dass sein Name »geheiligt« werde. Geheiligt wird sein Name auch dadurch, dass unser Leben gelingt. Irenäus sagt: »gloria Dei homo vivens – Die Herrlichkeit Gottes ist der lebendige Mensch.«[35]

Dann kommen die menschlichen Bitten um Nahrung, die irdische wie auch die geistige. »Vergib uns unsere Schuld, wie auch wir vergeben unseren Schuldigern« bedeutet: Wir können nicht zu Gott beten, ohne unsere Beziehungen zu klären. Mir persönlich ist auch wichtig, dass ich mir bei diesem Gebet vergegenwärtige, dass dies mein Vater, meine Mutter und meine Großeltern schon gebetet haben. Die haben nicht immer gewusst, was sie beten, aber sie haben damit ihr Leben bewältigt. Wenn ich das bete, habe ich Anteil an ihrer Lebens- und Glaubenskraft. Ich bin somit eingebunden in eine Tradition, die bis zu

Jesus zurückgeht. Dieses Verwurzeltsein in einer langen Tradition von Betenden ist für mich wichtig, ebenso auch, mein Gottesbild immer wieder am Vaterunser zu überprüfen.

>> **David Steindl-Rast**

Diese Tradition ist auch mir wichtig, wenn ich mich erinnere, wie meine Großmutter uns das Vaterunser gelehrt hat. Du hast das richtig gesehen: Gerade das Gebet erwärmt das Gefrorene und Erstarrte zu lebendigem Wasser. Denn was ich mit Herzenswärme gemeint habe, ist Beziehung – Beziehung zu mir selbst, zu den anderen und zu Gott. Diese Beziehung ist ausgedrückt im Gebet. »Vaterunser« ist selbst schon ein Beziehungswort: der Vater, die Gemeinschaft und ich, der ich dieses Gebet spreche, gehören untrennbar zusammen. Mir persönlich hat es sehr geholfen, einzusehen, dass das Vaterunser in seinen Grundgedanken auf Jesus zurückgeht, aber sicher nicht in dieser Form. Es hat eine hochkomplexe künstlerische Form, einen chiastischer Aufbau. Zu der Zeit, als das Vaterunser seine jetzige Form bekommen hat, haben die Kinder das Alphabet nicht nur von A bis Z gelernt, sondern auch von Z bis A. Wichtig war das M, weil das in der Mitte lag. Diese chiastische Form haben die Menschen im Sinn gehabt. So sehe ich auch dieses Gebet.

Zwischen »Vater unser«, der Anrufung, und »Gib uns unser tägliches Brot« verläuft eine Achse. Wir stehen als Kinder vor dem Vater, der uns das tägliche Brot gibt, also alles, was wir brauchen. Das ist sozusagen die Mittelachse des Vaterunsers. Auf der einen Seite ist dann der absteigende Ast mit drei Bitten und auf der anderen Seite der aufsteigende Ast mit drei Bitten. »Geheiligt werde dein Name« – das sagt schon alles. »Sein Name wird durch euch unter den Heiden verunehrt«, so klagen die Propheten uns an, und meinen damit, dass wir nicht so leben wie Kinder Gottes. Wenn wir wie Kinder Gottes leben, dann ehren wir schon seinen Namen. Eine andere Art, es zu sagen, ist »Dein Reich komme«: Wenn wir Gottes Namen ehren, ist sein Reich schon unter uns. »Dein Wille geschehe« – das Reich ist der Wille Gottes.

Seinen Namen zu heiligen bedeutet auch, ehrfürchtig zu sein vor dem, wofür der Name Gottes steht. Es bedeutet, ehrfürchtig dafür eintreten, wofür Gott eintritt. Die Brot-Bitte ist Mitte und Wendepunkt des Vaterunsergebetes. Sie fasst alles zusammen: Als Kinder Gottes bitten wir den Vater um alles, was wir brauchen.

Die nächsten drei Bitten stehen dann in rückläufiger Ordnung parallel, also »chiastisch« zu den entsprechenden ersten drei Bitten. Zunächst kommt die Bitte um Vergebung unserer Schuld, »wie auch wir vergeben unseren Schuldigern«. Das steht parallel zu »Dein Wille geschehe, wie im Himmel, so auf Erden.« Wir erfüllen Gottes Willen, wenn wir auf Erden vergeben, wie Gott im Himmel vergibt. Dann kommt eine Parallele zu »dein Reich komme«, nämlich: »und führe uns nicht in Versuchung«. Die größte und gefährlichste Versuchung ist, von Gottes Reich abzufallen und weltlich zu werden, also der Welt des Egos, des Geizes, des Neides und der Gewalt anheimzufallen. Das Gegenteil ist das Reich Gottes, durch gegenseitigen Respekt, durch Teilen und durch Frieden gekennzeichnet.

Die letzte Bitte ist dann: »Erlöse uns von dem Bösen.« Das steht parallel zu: »Geheiliget werde dein Name.« Das Böse ist, was dem Namen Gottes entgegengesetzt ist, was also seinem Willen, dem Reich Gottes, widerspricht. Und so schließt sich der Kreis der sieben Vaterunserbitten. Das »Amen« ist auch ein ganz wichtiger Bestandteil des Gebets, weil in ihm unser Vertrauen auf Gott zusammengefasst ist. Im Hebräischen heißt die Vertrauenswürdigkeit Gottes »amunah«. Auf diese Vertrauenswürdigkeit antworten wir mit unserem Vertrauen und sagen: »Amen.« Ich bete das Vaterunser viele Male am Tag. Das ist mir ganz wichtig. Es prägt mir immer wieder neu das Vater-Sohn-Bild für meine Beziehung zum göttlichen Geheimnis ein. Und dieses Bild war für die Frömmigkeit Jesu bestimmend.

Drei und einer? – oder: Eine kleine Gebrauchsanweisung für die Trinität

Im Zentrum des christlichen Dogmas steht der Glaube an den dreieinigen Gott. Auf den ersten Blick sieht das wie eine unglaublich komplexe akademisch-theologische Konstruktion aus. Viele sagen: Wir glauben doch an einen Gott. Wieso dann drei Personen? Die Lehre von der Dreifaltigkeit wird vermutlich von der Mehrheit der Christen nicht verstanden. Und erst recht im Dialog mit anderen Religionen ist die Trinität immer wieder eine Quelle des Missverständnisses und löst Kopfschütteln aus. Was besagt genau das Dogma der Dreifaltigkeit Gottes? Und wie können wir das ganz praktisch verstehen?

 Anselm Grün

Für mich korrespondieren in der Dreifaltigkeit Gottesbild und Selbstbild miteinander. Das Bild des dreifaltigen Gottes ist das des offenen Gottes für den Menschen. Das heißt: Ich kann vom Menschen nicht sprechen, ohne gleichzeitig von Gott zu sprechen, weil Gott durch den Heiligen Geist auch in mir ist. Es gibt nur den einen Gott. Aber dieser Gott begegnet uns als der Schöpfer, der Vater, als der Sohn, der mit uns geht und in uns ist als das wahre Selbst, und als Heiliger Geist, der uns antreibt und der uns mit Liebe erfüllt. Das ist der Gott, der bis in unser Herz hineinreicht, und eben nicht ein ferner Gott, der über den Himmeln thront und uns Befehle gibt. Der Streit um das Dogma der Dreifaltigkeit war eigentlich ein Streit um den Menschen. Was ist das Geheimnis des Menschen? Von Gott richtig sprechen heißt vom Menschen richtig sprechen. Der Mensch ist eingetaucht in Gott.

Sein Geist ist Gottes Geist. Sein Selbst ist Christus selbst, aber auch der Gott, vor dem wir in Ehrfurcht niederfallen und zu dem wir als Schöpfer beten. Dreifaltigkeit meint also die verschiedenen Weisen, wie Gott uns gegenüber ist und wie wir Gott gegenüber sind: der Gott, der außerhalb und anders ist, der Gott, der mit uns ist, und der Gott, der uns durchdringt.

David Steindl-Rast

Dieses völlige Eingebettetsein in Gott und Gottes Gegenwart in uns, das ist mir auch das Wichtigste am Glauben an einen dreieinigen Gott. Ich verwende gerne das Bild eines Gefäßes, das ganz mit Meerwasser gefüllt ist und im Meer versenkt ist. So sind wir erfüllt und umhüllt von Gott. Jedes Bild hat seine Grenzen, aber wir brauchen doch Bilder. Eine große Schwierigkeit entsteht dadurch, dass wir in der Dreieinigkeitslehre von Personen sprechen. Wenn wir von drei göttlichen Personen reden, handelt es sich nicht um den gebräuchlichen Personbegriff, den wir kennen. Das hat schon früh in der Entstehungszeit des Dogmas zu gerechtfertigter Kritik innerhalb der Kirche geführt.

Anselm Grün

Im Griechischen heißt es auch *hypostasis*[36].

David Steindl-Rast

Ja, und »Person« ist für uns heute eine irreführende Übersetzung von *hypostasis*. Ich würde eher von Erscheinungsweisen sprechen, also von Weisen, wie uns Gott erscheint. Wenn wir nochmals auf das Geheimnis zurückgehen, das uns bewusst wird durch die Wirklichkeit, die wir Leben nennen, dann können wir dreierlei unterscheiden: Erstens die

Quelle des Lebens: Aus ihr strömt das Leben ständig und jeden Augenblick von der Möglichkeit in die Wirklichkeit. Diesen Ursprung, aus dem alles hervorquillt, nennen wir Vater. Zweitens: Die lebendige Wirklichkeit aus dem Ursprung nennen wir Sohn. Und drittens – weil das sonst immer noch statisch bliebe – kommt die Lebendigkeit dazu. Diese göttliche Lebendigkeit meinen wir, wenn wir vom Heiligen Geist sprechen.

 Anselm Grün

Ursprung und Quelle, Form, Geist und Dynamik – so kann man das sagen. Schon die Kirchenväter und Philosophen haben versucht, auch den Menschen dreifach zu sehen. Plato teilt den Menschen in Leib, Geist und Seele ein. Augustinus in Verstand, Wille und *memoria*, das Erinnerungsvermögen. Die haben immer die Parallele zu Gott gesehen. Insofern ist es legitim, dass du vom »Leben« sprichst und so Gott und den Menschen zusammenbringst.

 David Steindl-Rast

Bei Augustinus findet man den schönen Vergleich von Vater, Logos und Heiligem Geist mit Schweigen, Wort und Verstehen. Aus dem Schweigen kommt das Wort. Alles, was es gibt, ist Wort und geht durch das Verstehen wieder in das Schweigen zurück. Verstehen ist der Prozess, in dem wir auf ein Wort so hinhorchen, dass es uns ergreift und dorthin führt, wo es herkommt.

 Anselm Grün

Das Verstehen ist der Heilige Geist. Das Wort ist der Sohn. Und der Ursprung des Wortes, der Vater, spricht aus dem Schweigen. Das sind

Bilder, die das Geheimnis erahnen lassen. Dogmatik legt nicht fest. Sie weiß nicht alles ganz genau. Durch ihre paradoxe Sprache bringt sie etwas zum Klingen, das wir nur erahnen können.

 David Steindl-Rast

Darum sprechen auch die Kappadokischen Väter[37] vom Reigentanz der Trinität. Der Anführer des Reigens ist der Logos, der aus dem Schweigen hervorkommt. Das Tanzen ist der Heilige Geist. Im Heiligen Geist tanzen wir zurück zum Ursprung, dem Vater. Ich finde dieses Bild begeisternd schön.

Sie, Pater Anselm, haben vorhin begonnen, die Trinität mit dem Argument zu erklären, dass man, wenn man von Gott spricht, immer auch etwas vom Menschen mit aussagt. Ich greife diesen Faden nochmals auf. Wenn wir uns menschliches Leben ansehen im Hinblick auf diesen dreifaltigen Gott, dann sollte unser christliches Leben ein trinitarisches Leben sein. Ist das so?

 Anselm Grün

Trinitarisch vom Menschen zu sprechen meint, dass alle drei Bereiche des Menschen von Gott durchdrungen werden, dass Gott nicht nur im Geist ist, sondern genauso im Leib und in der Seele. Das bedeutet: der offene Gott und der offene Mensch. Beide sind ineinander.

Worauf ich hinauswollte, ist: Menschsein geht vereinzelt gar nicht. Menschsein ist immer In-Beziehung-Sein. Ich werde Mensch am Du. Ohne das Du – in Gestalt meiner Eltern – wäre ich ja nicht einmal auf der

Welt. Und sie wiederum auch nicht ohne Du. Zwischen Ich und Du oder Du und Du ist immer noch eine dritte Dimension: die Beziehungsebene, die die eigentliche Kraft zwischen beiden darstellt. So findet sich in jeder Beziehung, aber auch in jedem schöpferischen Akt des Menschen diese dreifaltige Dimension wieder, oder wie sehen Sie das?

>> Anselm Grün

Diese Beziehungsebene ist sicher wichtig. Das hat auch Martin Buber sehr stark gemacht. Das Wesen des Christlichen ist, dass es eine Beziehungsreligion ist. Es geht um die Beziehung zu Gott und um die Beziehung zum Menschen. Die personale Begegnung mit dem Du, zwischen ich und Du – da ist auch die Liebe drin. Die Liebe ist der Heilige Geist. Die anderen Religionen kennen auch die Beziehung, aber man muss sagen, dass die Tendenz im Buddhismus mehr auf den Einzelnen ausgerichtet und die Beziehungsebene nicht so ausgeprägt ist. Das soll keine Wertung sein. Das heißt nicht, dass die Christen besser in Beziehung sind. Es gibt ganz wunderbare buddhistische Menschen, von denen viel Beziehung ausgeht, aber es ist nicht im Fokus dieser Religion.

>> David Steindl-Rast

Dogmatisch heißt es auch: Das Einzige, wodurch sich die göttlichen Personen unterscheiden, ist ihre Beziehung zueinander. Es ist ein Gott, und zu diesem Geheimnis gehört Beziehung. Gott ist in seinem innersten Wesen Beziehung. Das ist auch eine mögliche Ausdrucksweise für die Dreifaltigkeit. Diese göttliche Beziehung haben wir entdeckt. Wir können auch sagen, sie ist uns geoffenbart worden, weil ja alles Geschenk ist.

Wie kann ich endlich leben? – oder: Über das Sterbliche und das Ewige

Vom Moment unserer Geburt an sind wir sterblich. Der Tod ist unsere ultimative Möglichkeit. Das heißt: In allem, was wir tun und lassen, gehen wir unweigerlich auf den Tod zu, auf eine Grenze, die wir nicht beeinflussen können. Wir haben Angst vor dem Tod, weil wir uns vor dem Nichts fürchten. Wir sehen, dass die, die uns vorausgegangen sind, zu Staub zerfallen. Aber weiter sehen wir nicht. Das macht Angst. Deshalb verdrängen wir auch oft den Tod. Viele kämpfen immer wieder mit untauglichen Mitteln gegen den Tod an, nach dem Motto: »Lasst uns heute fressen und saufen, denn morgen sind wir tot!« (1 Kor 15,32) Hilft der Glaube, gelassener mit der Sterblichkeit umzugehen, ohne Gier, ohne Stress, aber auch ohne Verdrängung?

 Anselm Grün

Zunächst ist der Gedanke an den Tod eine Einladung, bewusst zu leben, den Augenblick zu leben. Es gibt ja Märchen, in denen der Tod überwunden wird. Aber dann wird es auch langweilig, weil man bemerkt, dass das Leben ohne den Tod keine Spannung hat. Die Begrenztheit lädt uns ein, achtsam oder – wie Jesus sagt – wachsam zu leben. Der Glaube kann helfen zu verstehen, dass der Tod nichts Schlimmes ist, weil ich in Gott hineinsterbe und vollendet werde. C. G. Jung sagt einmal: Ab der Lebensmitte bleibt nur der lebendig, der zu sterben bereit ist, der loslassen kann. Er meint, die sich in der ersten Lebenshälfte weigern zu kämpfen, sind die Gleichen wie die, die sich in der zweiten Lebenshälfte nicht loslassen können. Meine Erfahrung ist: Viele Menschen haben Angst vor dem Tod, weil sie nicht gelebt haben. Ungelebtes Leben kann man nicht so gut loslassen. Wer bewusst lebt, kann auch loslassen. Die Angst vor dem Tod hat verschiedene Aspekte. Meist ist es die Angst vor dem Kontrollverlust; dass etwas hochkommt, was ich nicht kontrollieren kann. Bei manchen ist es die Angst vor dem Unbekannten. Was kommt nach dem Tod? Kommt etwas danach? Da ist der Glaube eine Verheißung, wie sie Jesus ausdrückt: »Heute noch wirst du mit mir im Paradies sein.« (Lk 23,43) Natürlich können wir auch scheitern, aber wir haben die Hoffnung, dass wir in Gott hineinsterben, uns auf ihn hin loslassen und vollendet werden. Wie das geschieht, wissen wir nicht. Wir können den biblischen Bildern trauen und zugleich wissen, dass das, was uns erwartet, jenseits aller Bilder ist. Wie es wirklich ist, kann keiner sagen.

David Steindl-Rast

Wir können dieses Verständnis vielleicht noch erweitern, indem wir zurückkommen auf den Unterschied zwischen Ich und Selbst. Unser Selbst ist nicht in Raum und Zeit, wir erleben es im Jetzt, das über Raum und Zeit erhaben ist. Unser Ich dagegen ist in Raum und Zeit. Menschliche Größe und menschliche Aufgabe zugleich ist es, in diesem Doppelbereich zu leben. Ich und Selbst durchlaufen dabei, obwohl vereint, zwei unterschiedliche Prozesse. Für mein Ich stellt meine Lebensspanne von der Empfängnis bis zum Tod ein Prozess dar, in dem es um Entwicklung geht – ähnlich wie vom Samen über die Blüte zur Frucht, die selbst wieder zu neuem Samen wird. Beim Selbst geht es nicht um Entwicklung, sondern um einen anderen Prozess, den wir vielleicht Anreicherung nennen könnten. In diesem Sinn verstehe ich, was der Dichter Rilke von uns Menschen sagt: »Wir sind die Bienen des Unsichtbaren und wir heimsen den Nektar des Sichtbaren in die große goldene Honigwabe des Unsichtbaren ein.«[38] Ich sehe den Sinn von allem, was wir in der Zeit an Freude und Leid erleben, in einem Anreichern, einem Einbringen in diese »goldene Honigwabe« des Überzeitlichen. Jenseits von Zeit wird das Selbst bereichert durch alle Leiden und Freuden, die wir Zeit unseres Erdendaseins durchstehen. Im Doppelbereich stehen wir sozusagen auf zwei Beinen, einerseits mit unserem Ich in Raum und Zeit, andererseits mit unserem Selbst im Jetzt, im überzeitlich Bleibenden. Ich sehe meine Aufgabe in meinem hohen Alter darin, mehr und mehr das Selbst zu meinem Standbein zu machen, bis mein Ich nur mehr das Spielbein ist. Wenn mein Ich stirbt und nicht mehr da ist, genauso wenig, wie es vorher da war, dann bleibt doch das Selbst – und, im Selbst aufgehoben, jeder Augenblick meiner Zeit mit all seiner Fülle. Ich kann mir das freilich nicht bildlich vorstellen. Auch ein Embryo kann sich ja nicht vorstellen, wie man außerhalb des Mutterschoßes leben könnte. Ebenso kann sich eine Raupe nicht vorstellen, wie es sein könnte, als Schmetterling zu fliegen.

Das reizt mich zur Frage: Ist es sinnvoll, noch an einem individuellen Menschsein festzuhalten, oder geht das Individuelle des Menschen ein in ein ganzes Selbst, wo es aufgelöst ist wie Kakao in der Milch?

》 David Steindl-Rast

Ich glaube als Christ an die Auferstehung des Fleisches. Darum bemühe ich mich zu verstehen, was das heißen kann, dieses Anreichern und »Einheimsen in die große goldene Honigwabe«. Ich kenne viele Menschen, die sagen: Ich lebe ein volles Leben und wenn es vorbei ist, ist es vorbei. Die leben auch nicht schlecht, oder hast du da eine andere Erfahrung?

Anselm Grün

C. G. Jung sagte einmal: »Als Psychologe kann ich nicht sagen, ob es ein Leben nach dem Tod gibt. Aber als Psychologe weiß ich um die Weisheit der Seele. Die Seele weiß darum, dass mit dem Tod nicht alles aus ist, wie immer man sich das vorstellen kann. Als Psychologe weiß ich auch, dass ich ruhelos und rastlos werde, wenn ich gegen die Weisheit der Seele lebe.« Insofern sieht Jung als Psychologe, dass es gut ist, daran zu glauben. Wir sollen nicht werten.

Es gibt Christen, die in Angst sterben, und es gibt andere, die gelassen sterben, weil sie sich loslassen können, weil sie vertrauen, dass sie irgendwie aufgehoben sind. Aber nochmals zurück zur Frage: Auferstehung des Fleisches heißt Auferstehung der Person. Meine Liebe geht durch den Leib. Mein Leib ist der Gedächtnisspeicher meiner Erfahrungen. Was einmalig ausgereift ist, das kommt zu Gott, aber zugleich wird es eins mit Gott. Das Individuelle und das Eins-Werden muss man zusammen sehen.

Ich wehre mich dagegen zu sagen, wie das mein Mitbruder Willigis Jäger[39] formuliert: »Die Seele geht auf wie die Welle im Meer« – also das Ich wird vollständig in Gott aufgelöst. Dann ist nichts mehr wichtig. Die Person wird gerettet und in Gott eins. Wir sprechen dann vom Wiedersehen, aber das darf man sich nicht wie ein Klassentreffen vorstellen. Das entzieht sich unserem Zugriff. Aber diese Spannung zwischen der Person und der Einheit würde ich durchhalten.

David Steindl-Rast

Wenn ich dich richtig verstanden habe: Weil wir eben in unserem ganzen Wesen auf ein Du bezogen sind, das über Zeit und Raum erhaben ist, kann sich das nicht ändern, wenn unsere Zeit zu Ende ist. Diese Beziehung bleibt. Sie hat ewigen Bestand. Beweisen lässt es sich wohl kaum, dass uns das physisch Erlebte auch über den Tod hinaus bewusst bleibt. Aber ich habe ein Argument dafür: Nachdem das unvergängliche Göttliche jetzt schon in unserem Erleben jeder Kastanienblüte, jeder Wimper eines geliebten Menschen, jedes leisesten Seufzers gegenwärtig ist, wie sollte das Erlebte durch den Tod plötzlich verschwinden?

Ich freue mich also auf die Wiederbegegnung mit meiner Mutter, meiner Großmutter und mit Freunden, die schon gestorben sind. Aber ich möchte auch Menschen sehen, die ich nie persönlich kennenlernen konnte. Joseph von Eichendorff[40] zum Beispiel möchte ich sehr gerne kennenlernen. Skifahren möchte ich mit Eichendorff, denn der ist in seinem Leben nie Ski gefahren. Ihm würde das sicher sehr gefallen. Ich kann mir das gut ausmalen – und habe ich nicht ein Recht, mir das auszumalen? »Das, was war«, sagt Thomas S. Eliot, »und das, was hätte sein können, weisen auf das gleiche Ziel, und das ist immer jetzt.«[41]

» Anselm Grün

Ich stelle mir auch vor, Augustinus oder Teresa von Ávila[42] zu begegnen. Wir dürfen den Bildern trauen. Wenn man das einmal logisch durchdenkt und die Milliarden Menschen vor sich sieht, ist das schwierig. Zugleich ist es jenseits von Raum und Zeit, und insofern ist alles möglich. Aber wie es genau ist, das können wir nicht wissen. Wir können darüber nur in Bildern sprechen, aber die Realität ist immer jenseits aller Bilder. Die Bilder machen das lebendig. So spricht die Bibel auch vom »Festmahl« und vom »Weintrinken«.

Wenn wir nach der Sterblichkeit fragen, fragen wir nach dem Sinn von Zeit und danach, wie sich Zeit und Ewigkeit zueinander verhalten. Es gibt ein erstaunliches Phänomen, das meist völlig übersehen wird, das aber in unserem Gespräch spürbar ist: Es gibt Zeit! Jetzt und jetzt und jetzt ... Unsere Begegnung hier, unsere Gedanken und Worte, die waren noch nie so hier wie jetzt in diesem Augenblick. Das entsteht irgendwie aus dem ... Nichts. Das ist doch ein unglaublicher Vorgang, atemberaubend, eigentlich ein Wunder. Also: Was lehrt uns die Zeit über uns selbst und über die Ewigkeit?

>> Anselm Grün

Ich habe jahrelang Silvester-Kurse gehalten. Um Mitternacht waren wir dann in der Kirche. Von zehn vor zwölf bis zehn nach zwölf war Schweigen. Ich habe kurz eingeführt: Die alte Zeit zerrinnt, und die neue unverbrauchte Zeit kommt. Wir kennen diese Zeitphänomene, wo uns einmal die Zeit ganz lang wird, und in einer intensiven Erfahrung vergeht die Zeit schneller. Dann gibt es auch Erfahrungen im Gebet und in der Kontemplation, wo Zeit und Ewigkeit zusammenfallen in reine Gegenwart. Meister Eckhart[43] spricht von der »Fülle der Zeit«. Das ist reine Gegenwart. Die ist dann zeitlos. Die Griechen unterscheiden die Zeit in *chronos* – die Zeit, die vergeht und uns auffrisst – und in *kairos* – die Zeit des günstigen Augenblicks oder der Fülle.

Den »Kairos« stellten sich die Griechen als einen Jüngling vor, der vorne eine Stirnlocke hat. Wenn Kairos vorbeikommt, muss man ihn vorne am Schopf packen. Es gibt natürlich auch verpasste Gelegenheiten, aber jede Zeit hat ihre Gelegenheiten. Es sind nicht die gleichen wie die von gestern, sondern andere. Die Gelegenheit zum Fall der Mauer war damals da. Heute gibt es andere. Es geht aber auch darum, die Zeit absichtslos genießen zu können, ohne etwas zu tun. Die Zeit ist einfach da.

David Steindl-Rast

Die Zeit hat eben viele verschiedene Aspekte. Für die Wissenschaft ist Zeit eine Funktion des Raumes. Das bezieht sich auf den Aspekt der Zeit, den man mit einer Uhr messen kann – auf Chronos, wie du es mit der griechischen Mythologie genannt hast. Darum geht es uns hier nicht. Wir haben das Recht, auch andere Aspekte der Zeit ins Auge zu fassen, Aspekte, die uns ganz persönlich betreffen. Auf einen sehr wichtigen hast du mit dem Bild vom Kairos hingewiesen, vom Jüngling mit der Stirnlocke. Für mich ist der wichtigste Aspekt der Zeit die Gelegenheit, die wir beim Schopf ergreifen müssen. Dass jeder Augenblick mir eine Gelegenheit gibt, das ist ein Geschenk. Dadurch, dass ich etwas aus der geschenkten Gelegenheit mache, zeige ich, dass ich dankbar bin dafür.

Durch dieses Geben und Nehmen wird das ganze Leben zu einem Dialog mit dem unergründlichen Geheimnis, das mir jeden Augenblick Gelegenheiten schenkt. Die Ewigkeit, aus der die Zeit hervorquillt, will, dass wir etwas daraus machen. Jetzt und jetzt und jetzt aus jeder gegebenen Gelegenheit dankbar etwas machen heißt also, mitten in der Zeit eintreten in einen Dialog mit Ewigkeit.

Ganz ich selbst sein – oder:
Vom Beten als Raum der Freiheit

Das Gebet und die religiöse Meditation sind Urgebärden des Menschen. Wir finden sie in allen Kulturen und Religionenm und das Beten ist möglicherweise so alt wie der Mensch selbst. Beten gehört zum Menschen. Doch es gibt auch bestimmte Formen des Betens, die in die Irre führen können. Es gibt zum Beispiel die Versuchung, Gott von irgendetwas überzeugen wollen, ihn zu beschwören, ihn magisch manipulieren und nötigen zu wollen, dies oder jenes zu tun. Wie können solche falschen Vorstellungen und Fehlhaltungen vermieden werden? Was bedeutet beten und kontemplativ leben im eigentlichen Sinn?

 Anselm Grün

Die Bitte ist nur eine Form des Betens. Wir dürfen Gott um alles bitten. Aber bei jeder Bitte steht am Ende: Dein Wille geschehe. Aber wir dürfen vor ihm unsere Bedürftigkeit ausdrücken. Wenn wir sie ausdrücken, dann wandelt sie sich auch. Beten ist aber mehr als Bitten. Beten ist Begegnung mit Gott. Ich halte mich Gott hin und kann alles hochkommen lassen. Gebet ist für mich wie eine therapeutische Selbsterkenntnis vor dem Antlitz Gottes. Beten kann auch nur ein einfaches, stilles Vor-Gott-Sitzen und Warten, was da in mir aufsteigt, sein. Das halte ich Gott hin und hoffe, dass Gottes Liebe in all das hineinströmt. Alles darf sein, und alles wird verwandelt.

Manchmal lade ich die Menschen ein, mit Gott eine halbe Stunde lang laut zu beten – das mache ich auch. Was möchte ich ihm eigentlich sagen? Indem ich mich selbst höre, bemerke ich zunächst: Das sind doch Floskeln. Das ist doch nicht die Wahrheit. Das ist doch nicht das, was ich Gott sagen will. Das ist noch oberflächliche Routine. Indem ich also spreche, komme ich langsam zu meiner tieferen Wahrheit und Sehnsucht. Wenn ich ausdrücke, was ich in der Tiefe meines Herzens ersehne, dann geschieht aus dem Gebet heraus etwas ganz Intimes.

>> David Steindl-Rast

Das finde ich eine sehr interessante Übung – so habe ich das noch nie versucht. Wenn Menschen Bitten und Beten verwechseln, hat das auch damit zu tun, dass die beiden Wörter in unserer Sprache miteinander verwandt sind. Dabei fällt mir eine Mutter ein, die ihren kleinen Sohn daran erinnert, sein Gutenachtgebet zu verrichten. Der Junge sagt zur Mutter: »Mama, weißt du, es gibt Abende, da brauche ich gar nichts ...« So denken viele Menschen. Sie fangen erst an zu beten, wenn sie etwas brauchen.

Du hast auch den Unterschied zwischen Religion und Magie angesprochen, zwischen Gebet und Beschwörung. Ich denke, echtes Gebet endet nicht nur, sondern beginnt mit »Dein Wille geschehe.« Die magische Beschwörung hat anderes im Sinn: »Mein Wille geschehe.« Am wirksamsten wird Magie, wenn man den Namen eines Gottes weiß. Man stellt sich das so vor, weil ja auch ein Lehrer einen Schüler beim Namen rufen muss, wenn er gehört werden will. »Du, der dritte von links hinten« – das macht wenig Eindruck. Auch bei einem Hund fühle ich mich sicherer, wenn ich »Flocky!« rufen kann, als wenn ich nur sage: »Du Hund da, lass mich in Ruhe!«

Der Name ist ganz wichtig als Mittel, jemanden in den Griff zu bekommen. Und Magie will die göttliche Wirklichkeit in den Griff bekommen, will sie sich dienstbar machen. Darum sagt Gott zu Moses: Ich werde dir meinen Namen nicht geben. Auch das Wort »Jahwe«, das oft übersetzt wird mit »Ich bin, der ich bin«, ist kein Name im eigentlichen Sinn. Es bedeutet: »Ich werde als solcher gegenwärtig sein, als der ich wähle, gegenwärtig zu sein.« Nicht wie du es erzwingen willst, werde ich dir begegnen. Und die erste Bitte im Vaterunser – »Geheiligt werde dein Name« – ist eine Bitte, nicht der Magie zu verfallen, sondern Gottes Freiheit zu wahren, mich zu überraschen.

>> Anselm Grün

Was du über den Gottesnamen gesagt hast – »Ich werde da sein, als der ich da sein werde« –, ist die eine Sache. Man könnte auch sagen: »Ich bin ich.« Ein Kind ist von Haus aus spirituell, wenn es ein Gefühl hat für »Ich bin ich« oder »Ich bin einmalig«. Das ist der eine Aspekt Gottes. Die Griechen haben das übersetzt mit »*ego eimi ho on*« – »Ich bin der Seiende«. Da kann man wieder sagen, das sei eine Verfälschung, aber für mich ist das auch eine tiefe Gotteserfahrung. Wenn ich einfach ursprünglich bin, nur reines Sein – ohne mich beweisen, rechtfertigen oder verteidigen zu müssen. Manchmal machen wir so eine Erfahrung: Ich bin einfach. Dann bekommen wir eine Ahnung von Gott, der reines Sein ist, der nichts beweisen und nichts tun muss, um zu sein. Insofern kann diese Erfahrung »Ich bin« auch zu einer Erfahrung von Gottes Sein führen.

>> David Steindl-Rast

Ja, auch Buber legt große Betonung auf das »Ich«, das ja seinem Wesen nach in Beziehung zum Du steht. Es geht immer um ein »In-Beziehung-Sein«. Lebendig sein heißt Beziehung verwirklichen. Das Beten ist im Grunde ein Lebendigsein durch Beziehung zu Gott. Die Ehre Gottes ist der lebendige Mensch.[44] Und zwar im Sinne eines bewussten Lebendigseins durch Bezogenheit auf Gott.

Unsere Beziehung zu jenem letzten Geheimnis, auf das wir mit dem Wort »Gott« hinweisen, erleben wir auf drei ganz verschiedene

Weisen. Einmal im Bereich des Schweigens. Wenn wir uns hinablassen ins Schweigen, erfahren wir eine ganze Welt des Gebets. Das ist das Gebet der Stille, unser Gebet zum Vater. Der Vater ist der Abgrund des Schweigens, aus dem der Logos, das Wort, hervorkommt. Vom Wort Gottes zu leben, ist eine zweite Weise der Gottesbegegnung. Sie erschließt uns wieder eine ganze Welt des Gebets: das Wort hören, das mir Gott in diesem gegebenen Augenblick zuspricht, und antworten; entdecken, dass ich selbst ein Wort Gottes bin. Ich bin ein Wort, das Gott in die Welt hinein spricht, aber ich bin nicht nur ausgesprochen, sondern auch angesprochen von Gott. Ferdinand Ebner hat das in seinen Schriften einsichtsvoll ausgearbeitet.[45]

Dann gibt es aber noch eine dritte Weise, das göttliche Geheimnis zu erleben, eine dritte Welt des Gebetes: die Welt des Verstehens. Wir verstehen am vollkommensten durch das Tun. Jeder Lehrer weiß: Sage es den Schülern, und es geht ins eine Ohr hinein und durchs andere hinaus. Zeige es ihnen, dann gibt es schon mehr Hoffnung, dass sie sich erinnern werden. Lass sie es tun, dann verstehen sie es von innen her. Das Gebet des Verstehens heißt »*contemplatio in actione*«[46]: durch das Tun wird Gott erfasst. Rilke sagt auch das sehr schön: »Du wirst nur mit der Tat erfasst«, betet er, denn er weiß:

Es gibt im Grunde nur Gebete,
so sind die Hände uns geweiht,
dass sie nichts schufen, was nicht flehte;
ob einer malte oder mähte,
schon aus dem Ringen der Geräte
entfaltete sich Frömmigkeit.

Alles ist Gebet, entweder im Schweigen, im Wort oder im Verstehen durch Tun. Das ist das völlige Eintauchen in den dreifaltigen Gott durch das Gebet. Beten heißt, sich durch Schweigen, Wort und Verstehen mit dem Leben zu synchronisieren – mit dem Leben, verstanden als Bild für das göttliche Geheimnis.

>> Anselm Grün

Es ist für mich auch wichtig, dass Beten einmal das Schweigen ist, in dem alles hochkommt, das dialogische Beten, in dem ich Gott alles zeige, aber das Ziel des Gebetes ist, in die Stille zu kommen, in der dann alle Gedanken aufhören, in der ich mit Gott eins bin. Das sagen auch die frühen Mönche: Die Würde des Menschen ist, ohne Zerstreuung zu beten. Das meint: mit Gott eins zu werden.

Beten heißt für mich, in den Raum zu gelangen, wo Gott in mir herrscht. Dort habe ich Recht auf Leben. Dort kann mich kein Feind bedrohen. Dort bin ich geschützt. Beten ist ein Zufluchtsort, ein Raum der Freiheit, wo kein Mensch mich verletzen kann, wo die Meinung der Menschen nicht zählt, wo keine Schuldgefühle mich bedrücken, sondern wo ich ganz ich selbst bin. Das ist für mich das Ziel des Gebetes.

Sie gehören beide dem ältesten Orden des Abendlandes an, den Benediktinern.[47] Der heilige Benedikt hat die Kontemplation in besonderer Weise in den Mittelpunkt gestellt: *ora et labora et lege* – bete, arbeite und lies. Was kann man denn vom monastisch-kontemplativen Leben der Mönche lernen?

>> Anselm Grün

Die Gäste, die zu uns ins Kloster kommen, werden vor allem durch den Rhythmus des Betens und Arbeitens berührt. Sie können einen guten Rhythmus zwischen Aktion und Kontemplation auch in ihrem eigenen Leben finden, ohne uns kopieren zu müssen oder so viel zu beten wie wir. Zum Beispiel können sie in einem spirituellen Rhythmus den Tag beginnen und beenden. Der Rhythmus hat mit Ritualen zu tun. Ein Ritual meint eine heilige Zeit, eine Zeit, die der Welt entzogen ist. Sie können darauf achten, dass sie mitten im Tag eine heilige Zeit schaffen, die ganz ihnen gehört, jenseits des Trubels. Eine Zeit, wo ich aufatmen kann, wo ich selbst lebe, statt gelebt zu werden. Der andere Aspekt zu *ora* ist *labora*, Verstehen durch das Tun. Denn die Arbeit kann durchaus eine spirituelle Herausforderung sein. Wenn im Gebet Hingabe geschieht, dann soll das auch in der Arbeit so sein. Viele jammern ja, dass sie vor lauter Arbeit nicht zum Beten kommen. Es braucht also das Ritual, die Zeit, aber es braucht auch die Ruhe in der Arbeit.

Bei Benedikts *ora et labora* ist zentral, dass Gebet und Arbeit miteinander verbunden sind, dass die Arbeit auch ein Ort ist, an dem ich lerne, mich hinzugeben, zu dienen, mein Ego loszulassen. Für Benedikt gibt es keinen Widerspruch zwischen Arbeit und Gebet. Deshalb sagt er: Wenn einer am Sonntag müßig herumsteht, soll er lieber arbeiten. Es kommt also darauf an, sich im Gebet und in der Arbeit an Gott hinzugeben. Ich kenne auch Menschen, die unter Gebet und Kontemplation ein narzisstisches Kreisen um sich selbst verstehen. Einer wollte mal ins Kloster gehen und sagte: »Ich bin ein kontemplativer Typ. Ich kann höchstens drei Stunden arbeiten«. – So kann man aber nicht einmal zu den Trappisten[48] gehen. Die arbeiten auch mindestens sechs Stunden. Manche Menschen haben viel Zeit für sich selbst, aber es fließt bei ihnen nichts, weil sie um sich selbst kreisen. Gebet aber ist ein Fließen, genauso wie es die Arbeit sein sollte.

Verstehen Sie das Aufgehen in der Arbeit als eine Form des kontemplativen Lebens auch in dem Sinn, dass man dabei nicht inhaltlich religiös gesinnt sein müsste, sondern dass es auf die Art und Weise ankommt, wie ich mich einer Sache widme, egal, ob ich ein Feld pflüge, einen Schrank zimmere, Menschen pflege, ein Gebäude designe oder ein Buch schreibe? Was immer es ist: Wenn ich ganz bei der Sache bin und darin aufgehe, ist das schon kontemplativ oder macht das einen Unterschied?

>> Anselm Grün

Die richtige Arbeit ist Hingabe. Ich gebe mich hin an das Pflügen, Bauen oder Schreiben. Ich bin ganz bei der Sache. Die, die im Gebet narzisstisch unterwegs sind, die kreisen so um sich selbst, dass sie nicht bei der Arbeit sind, sondern immer lieber woanders, am liebsten bei sich selbst. Da bleiben sie aber stecken und kommen nicht in den Fluss. Die Frage ist, welche Emotionen ich durch mein Arbeiten verbreite. Verbreite ich Frieden, verbreite ich Liebe? Insofern braucht es ständig die Reinigung der Emotionen in der Arbeit durch das Gebet. Ich war lange Zeit Cellerar[49], und da gibt es auch manchmal Ärger und Enttäuschungen. Aber ich merkte genau: Es ist meine Verantwortung, wie ich am nächsten Tag ins Büro gehe. Zeige ich es jetzt denen, die mich enttäuscht haben, oder geht von mir Frieden, Zuversicht, Klarheit und letztlich Liebe aus? Die Arbeit ist der Test, ob das, was ich bete, stimmig ist oder nicht. Sie ist ein Test und eine Fortsetzung des Gebetes zugleich. Es geht um Hingabe und Freiwerden vom Ego. Menschen, die sich immer nur selbst in der Arbeit beweisen wollen, erkennt man daran, wie angespannt sie sind. Der Bauer, der ganz im Pflügen aufgeht, ist gelassen und selbstlos.

>> David Steindl-Rast

Der Mönch ist in jedem Menschen. In jedem Menschen lebt die Sehnsucht nach dem Einen. *Monachós*[50] heißt das Eine. Die menschliche Sehnsucht will in der Mannigfaltigkeit das Eine finden. Das verwirklicht sich dann im Mönchsleben auf eine ganz bestimmte Weise. Aber in vielen Traditionen finden wir Geschichten von einem Mönch, der die höchste Zinne der Askese erklommen zu haben meint, dann jedoch von einem Engel darauf hingewiesen wird, dass er noch einen Lehrer braucht. Dieser größte Meister ist aber zur Überraschung des Mönches ein ganz ungewöhnlicher Laie – ein Gastwirt zum Beispiel, oder im Buddhismus ein Metzger. Solche Geschichten wollen aufzeigen: Nicht-Mönche verwirklichen oft im Verborgenen alles, wonach der Mönch strebt. Pater Damasus Winzen, der Gründer unseres Klosters in den USA, hat immer zu uns Mönchen gesagt: Ihr seid nicht im Kloster, weil ihr besser seid als die anderen Menschen. Im Gegenteil: Die da draußen brauchen gar nicht alle die Stützen, die wir im Kloster haben.

 Anselm Grün

Es gibt eine schöne Mönchsgeschichte, in der es heißt: Bilde dir ja nicht ein, dass du etwas Besonderes bist, sondern stell dir vor, du bist ein bissiger Hund, der an die Leine genommen werden muss.

Bruder David, ich möchte von Ihnen wissen, wie Sie über den Sinn des kontemplativen Lebens denken – und ich meine damit nicht das spezifische Mönchsleben. Welche Schritte sind die wichtigsten für ein erfülltes Leben? Und woran merke ich, dass ich spirituell gut unterwegs bin?

 David Steindl-Rast

Erfahrungsmäßig würde ich antworten: Wenn alles gut fließt und sich von selbst macht, wenn ich nicht viel tun muss. Ich werde nicht getrieben von außen, sondern von innen. Beim Fließen muss man unterscheiden: Es ist zweierlei, ob ein Fisch im Fluss die Strömung nutzt, um zu schwimmen, oder ein Stück Treibholz einfach vom Strom mitgeschwemmt wird. Der Fisch bedient sich der Strömung des Wassers und kann sogar gegen den Strom schwimmen – das Holzstück treibt einfach passiv dahin. Also: Mit dem Fluss des Lebens zu gehen ist kein Getriebensein vom Strom, sondern ein aktives Antworten auf die Strömung.

In der Praxis ergibt sich für mich daraus ein Dreischritt: innehalten, innewerden, antworten. Ich muss immer wieder Augenblicke der Stille einbauen in meinen Alltag, sonst reißt mich der Strom meiner Tätigkeiten mit sich. Innezuhalten – das ist der erste Punkt. Dann kommt das Innewerden: Welche Gelegenheiten bietet mir das Leben hier und jetzt? Und im dritten Schritt antworte ich durch mein Tun: Ich nutze die gegebene Gelegenheit. Das ist ein Dreischritt, auf den ich immer zurückkomme. Dreischritt – vielleicht, weil ich Wiener bin und wir ja den Wiener Walzer im Dreivierteltakt tanzen. Also: innehalten, innewerden und antworten durch das Tun – das scheint mir das Rezept zu sein für ein erfülltes Leben.

 Anselm Grün

Weil du vom Innehalten sprichst – du bist ja auch Germanist: Die Sprache ist hier wunderschön: Ich muss inne-halten, um im Innen Halt zu finden, und dann, wenn ich Halt habe, kann ich auch nach außen gehen.

Was sind für Sie die Zeichen, dass man spirituell auf einem guten Weg ist?

 Anselm Grün

Das eine ist sicher der innere Frieden, die Ausstrahlung von Wohlwollen und Frieden, die von einem ausgeht. Dass etwas aufblüht durch das Sein dieses Menschen und er beziehungsfähig ist. Nicht umsonst testet Benedikt den Mönch, ob er wahrhaft Gott sucht. Das sieht er an drei Zeichen: ob er Eifer hat für den Gottesdienst, ob er fähig ist, sich auf die Gemeinschaft einzulassen, und ob er bereit ist, sich in der Arbeit fordern zu lassen. Psychologisch gesprochen ist das: Emotionsfähigkeit, Beziehungsfähigkeit und Leistungsfähigkeit. Das halte ich für wichtige Aspekte. Auch das, was du sagtest: sich nicht treiben lassen, im Augenblick da sein, sich einlassen können auf den Moment und das Gegenüber.

Es gibt Menschen, die sehnen sich nach Ruhe, können aber die Stille nicht aushalten, weil sie vor der eigenen Stille Angst haben. Man merkt dann, wie getrieben sie sind. Stille aushalten zu können, sich der Stille und der dabei auftauchenden eigenen Wahrheit zu stellen, das ist Kontemplation. Kontemplation ist nicht ein Stehenbleiben bei sich selbst, sondern durch das Chaos der Gedanken und Gefühle, in den inneren Raum der Stille zu gelangen und dort eine Ahnung vom Einswerden mit sich und mit Gott zu bekommen, dem Grund allen Seins. Daraus entspringt dann das wirksame Tun. Es gibt auch Menschen, die so fasziniert sind von Kontemplation, dass sie sich dem Tun verweigern. Das ist eine Gefahr der Aussteiger-Mystik. Wichtig ist, dass die Ruhe der Kontemplation auch ins Tun einfließt. Wenn ich wieder hektisch werde, ist es nicht stimmig.

Das sieht man auch in der Welt der Wirtschaft. Es gibt Firmen, die glauben, sich ständig verändern zu müssen. Sie verwechseln Führen mit Staubaufwirbeln. Sie machen zwar viel, aber es kommt nichts dabei heraus. Die wahre Verwandlung kommt aus der Ruhe. Führungskräfte, die aus der Ruhe agieren, haben einen größeren Weitblick. Wenn sie etwas ändern, hat es Hand und Fuß. Insofern braucht es diese beiden Pole für die Effektivität im Leben. Aber wir wollen Kontemplation auch nicht verzwecken, um besser arbeiten zu können. Wichtig ist nur, dass sich Kontemplation auch in der Weltgestaltung ausdrücken muss. Das sieht man übrigens auch im Vaterunser. Dieses Gebet ist die Mitte der Bergpredigt. Der Evangelist Matthäus will uns sagen: Die Mitte ist die spirituelle Erfahrung. Sie muss sich aber in einem anderen Verhalten auswirken. Wenn ich die Bergpredigt – ohne Gebet – nur als Handlungsanweisung verstehe, dann ist das eine Überforderung. Es braucht dazu das Gebet, die Kontemplation als Mitte des Handelns. Das Gebet alleine – ohne Verhaltensänderung – ist nur Narzissmus. Handeln ohne Kontemplation ist nur Aktionismus. Zum Wesen des Menschen gehört, dass beides zusammenkommt.

›› David Steindl-Rast

Man merkt, dass du aus deiner reichen Erfahrung als Cellerar sprichst. Ich würde das Zentrum der benediktinischen Spiritualität in einem Wort zusammenfassen: Achtsamkeit. Das ist zu einem Modewort geworden und wird oft solipsistisch missverstanden. Deshalb präzisiere ich: Es geht um dialogische Achtsamkeit, um ganzheitliche Beziehungs-Achtsamkeit.

Pater Anselm hat vorhin darauf hingewiesen, wie wichtig die Stille ist, um achtsam zu werden und dass manche Menschen aber nicht in der Stille sein können. Was zeichnet die Stille aus? Was zeigt sich uns, wenn wir auf die Stille hören?

›› David Steindl-Rast

Wenn es wirklich um die Stille geht, dann ist das etwas, worüber man eigentlich nicht viel sprechen sollte. Man kann etwas darüber sagen, aber das Wesentliche dabei lässt sich kaum in Worte fassen. Stille bedeutet ja letztlich das, was über alle Worte hinausgeht.

Anselm Grün

Wir unterscheiden zwischen Schweigen und Stille. Beim Schweigen muss ich etwas tun: also den Mund halten und auch die Gedanken zum Schweigen bringen. Stille ist etwas Vorgegebenes. Der Raum ist still, die Kirche ist still, der Wald ist still, der Berg ist still. Stille kommt von »stellen« und »stehenbleiben«. Es bedeutet wahrnehmen, was ist. Die Stille ist etwas Heilsames: Der erste Schritt ist das Schweigen in der Stille, die Selbstbegegnung. Der zweite Schritt ist das Loslassen und Freiwerden. Der dritte Schritt ist das Einswerden mit mir, mit dem Grund und der Welt um mich, und letztlich das Einswerden mit Gott. Aber viele haben Angst davor, weil in der Stille alles auftaucht, was in einem ist. Da könnte auftauchen, dass mein Leben nicht stimmt, oder es melden sich Schuldgefühle, und dann läuft man immer vor sich selbst davon.

 David Steindl-Rast

Was du sagst erinnert mich an die drei Wege der Mystik: Die *via purgativa*, die *via illuminativa* und die *via unitiva*[51], die Reinigung oder innere Klärung, die Erleuchtung und das Einswerden. Mir scheint, dass die Selbstbegegnung viel mit Klärung zu tun hat und das Loslassen ein interessanter Aspekt der Erleuchtung ist. Wir verlassen uns nicht mehr auf unser eigenes kleines Licht, sondern auf das, was wirklich ist. Im 36. Psalm singen wir: »In Deinem Lichte sehen wir das Licht.« Am Ende steht das Einswerden mit dem, was ist.

Wenn ich das richtig verstehe, haben Sie ein anderes Bild von Erleuchtung als das, was wir aus dem Buddhismus kennen?

Anselm Grün

Was man im Buddhismus *Satori*[52] nennt, ist letztlich schon die dritte Stufe, die *via unitiva*. Das ist das Ziel der Kontemplation, dass alles klar ist und ich eins bin mit allem. Die *via illuminativa* ist vielmehr der Weg, wie das göttliche Licht in uns eindringt und die Finsternis vertreibt. Im Christlichen ist das eine Fortsetzung des Klärungsprozesses.

David Steindl-Rast

Ich möchte dabei auf ein mögliches Missverständnis hinweisen, das aus dieser Ausdrucksweise entstehen könnte, denn es schwingt dabei die irrige Vorstellung mit, dass Gott von draußen in den Menschen hineinleuchtet. Ich merke, ich ringe selbst um ein besseres Verständnis. Vielleicht könnte man sagen, dass das Lichtwerden und Einswerden der *via illuminativa* und der *via unitiva* ein Echtwerden ist – wir finden auf einer höheren Ebene unsere ursprüngliche Alleinheit wieder. Wenn wir das so ausdrücken, dann ist es weniger in Gefahr, dualistisch missverstanden zu werden.

Anselm Grün

Für Evagrius Ponticus[53] ist Einswerden mit Gott auch Einswerden mit sich selbst und mit allem, was es gibt. Peter Schellenbaum[54] sagt: »Es ist wunderbar, allein zu sein, all-eins, mit allem eins zu sein.« Das Einswerden ist nicht in erster Linie als ein Einswerden mit Gott zu verstehen. Es gibt auch eine Einheitserfahrung, wo ich einfach nur bin und kein

Gegenüber spüre, sondern nur das reine Sein. Das ist auch ein Eins-Sein, mit der Tiefe und dem Grund. Ich denke, das beschreibt der heilige Gregor[55], wenn er sagt, Benedikt habe in einem einzigen Strahl der Sonne die ganze Welt gesehen. Das ist dieses Durchscheinen und mit allem Eins sein.

Kann man sagen, dass es beim kontemplativen Leben eigentlich darum geht, aus einer Verbundenheit heraus zu leben? Aus der Verbundenheit mit dem, was mich trägt, und dem, was auch dich trägt, also was uns gemeinsam anspricht in jedem Moment?

 Anselm Grün

Ja, das würde ich schon sagen. Kontemplation heißt Verbundenheit und aus dieser Verbundenheit heraus Ja zu sagen zu allem und zu allen Menschen. Diese innere Verbundenheit beschreibt Evagrius als das kennzeichen des kontemplativen Mönches: »Ein Mönch ist ein Mensch, der sich von allem getrennt hat und sich doch mit allem verbunden fühlt.« Aus dieser kontemplativen Erfahrung der Verbundenheit heraus wird unsere Arbeit eine andere Qualität bekommen, wenn wir anerkennen, dass wir nicht allein sind, sondern angewiesen aufeinander. Das Miteinander-Tun ist für die Erfahrung von Gemeinschaft wichtig, auch bei uns Benediktinern.

 David Steindl-Rast

Im lateinischen Wort *contemplatio* steckt die Silbe *con-*, was darauf verweist, dass es sich immer um zwei Wirklichkeiten handelt, die verbunden werden müssen: »Wie im Himmel so auf Erden« soll Gottes Wille verwirklicht werden – darum geht es bei Kontemplation. Denn das *templum*, das auch in dem Wort Kontemplation steckt, war ursprünglich nicht ein Tempel auf Erden, sondern Maß und Ordnung des Himmels. *Con-templatio* war die Projektion dieser ewigen himmlischen Ordnung auf das vergängliche Irdische. Aus dem Hinduismus stammt ein Wort, das sagt: »Wenn die Maße des Tempels richtig sind, ist die ganze Welt in Ordnung.« Beides gehört zusammen: das Schauen auf den Himmel und das tatkräftige Ausrichten der Welt auf das Geschaute. Dieser doppelten Aufgabe muss Kontemplation gerecht werden. Darum beruht die Zweiteilung in *actio* und *contemplatio* eigentlich auf einem Missverständnis. In der wirklichen *contemplatio* ist die *actio* bereits inbegriffen.

>> Anselm Grün

Karlfried Graf Dürckheim[56] hat immer geraten, jeden Morgen und jeden Abend zu meditieren. Zu ihm kam ein Schüler, der ihm sagte: »Ich meditiere jeden Morgen und jeden Abend. Ich bin auf dem Weg.« Dürckheim antwortete ihm: »Wenn dein Alltag nicht Übung ist, nützt das überhaupt nichts.« Ein anderer erzählte ihm: »Ich bin immer in der Gegenwart Gottes.« Dürckheim entgegnete: »Wenn du nicht jeden Morgen und jeden Abend meditierst, nützt das überhaupt nichts.« Man sieht daran: Hier liegt eine Spannung. Normalerweise brauchen wir schon auch Übungen, aber wir dürfen uns nicht darauf fixieren. Es gibt auch Menschen, die eine innere Kontemplation kultiviert haben, die nicht mehr so fixiert sind auf äußere Übungen. Andere wieder meditieren zwanghaft.

>> David Steindl-Rast

Da ist es wichtig, Meditation und Kontemplation zu unterscheiden. Durch Meditation blenden wir uns auf die Schau des Idealbildes ein;

durch Kontemplation setzen wir dieses Ideal in Wirklichkeit um. Die Meditation sollte der Kontemplation dienen. Wir sollen uns immer wieder durch Meditation auf die himmlische Ordnung einstimmen und dann diese Ordnung in unserem chaotischen Leben zu verwirklichen suchen.

Zur Kontemplation gehören Zeiten des Meditierens. Ich mache das an einem einfachen Beispiel deutlich: am Muttertag. Der Muttertag steht hier für die Meditation: ein Tag im Jahr, an dem wir uns überlegen und ihr auch sagen, was die Mutter für uns bedeutet. Aber das heißt ja nicht, dass wir nur einmal im Jahr an die Mutter denken. Wir brauchen diesen einen Muttertag, um sie umso mehr an den anderen 364 Tagen zu ehren. So braucht man Zeiten der Meditation, damit letztlich das ganze Leben kontemplativ werde.

Viele sind heute familiär weder in eine bestimmte religiöse Tradition hineingeboren worden, noch werden sie auf ihrem Bildungs- und Berufsweg mit einer bestimmten religiösen Tradition vertraut. Es gibt einen Überfluss an Sinnangeboten und an Heilstraditionen. Der Geist vieler dieser Angebote ist nicht leicht zu durchschauen. Wie kann ein Mensch, der sucht, mit der Tatsache umgehen, dass er nirgends spirituell beheimatet und mit dem Angebot schlichtweg überfordert ist? Wie findet so jemand eine verlässliche Begleitung und Deutung für das Geheimnis und das Heilige, das ihm im ganz profanen Alltag begegnen kann?

》 Anselm Grün
___

Da würde ich zunächst einmal auf die Sprache achten. Wenn etwas zu vollmundig und groß als Lösung aller Probleme angepriesen wird, wäre ich immer skeptisch. Jeder Weg ist ein Übungsweg. Alle Traditionen, die in alten religiösen Traditionen wurzeln, wie die Zen-Meditation im Buddhismus oder das kontemplative Gebet und die Gebetsrituale im Christentum, sind gut geeignet. Skeptisch bin ich, wenn ganz neue Strategien erfunden werden, die zur Problemlösung verzweckt werden. Das ist nie realistisch.

>> David Steindl-Rast

Das eigentliche Problem, das du ansprichst, ist, dass wir keine Rituale haben. Zu den Angeboten würde ich sagen: Was immer hilft, ist gut. Aber dass wir die Rituale verloren haben und Kinder ohne diese Erfahrungen des Betens aufwachsen, das erscheint mir für den Menschen der Zukunft lebensgefährlich. So wie die Umweltverschmutzung und der hereinbrechende Klimawandel, so ist auch der Verlust der Rituale lebensgefährlich für den Menschen, denn ich glaube, dass Kinder, um ein innerlich und äußerlich gefestigtes Leben führen zu können, die Erfahrung von Sicherheit und Geborgenheit ihres Daseins brauchen. Das werden wir ihnen wohl kaum vermitteln, außer durch authentische Rituale[57], durch die sie ihre Einbettung in feste Beziehungen erleben können. Wenn uns nicht schon als Kinder Rituale dazu verhelfen, uns in der Welt daheim zu fühlen, werden wir orientierungslos.

>> Anselm Grün

Orientierungslos und formlos. Viele Kinder und Jugendliche sind heute unruhig und haben psychische Probleme. Man weiß, dass, wo lebendige Rituale gelebt werden, mehr Sicherheit und Geborgenheit für sie existiert und sie menschlich geformt werden. Kinder und Jugendliche brauchen eine Möglichkeit zum Anschluss an eine andere Wirklichkeit, an das Transzendente, an das Göttliche. In vielen Familien ist die Weitergabe des Glaubens unterbrochen, oder es gelingt nicht mehr so wie früher.

Ich spüre aber auch eine größere Offenheit für Rituale in unserer Zeit. Manchmal – wenn ich zum Beispiel auf einem Mediziner-Kongress eingeladen bin – schließe ich meinen Vortrag mit einem Stille-Ritual ab, damit die Menschen eine Ahnung bekommen, was geschieht, wenn sie einfach in den Raum hineinhören. Dann spreche ich ein einfaches Gebet in diese Stille hinein. Die meisten machen dabei gerne mit. Da ist eine Offenheit zu spüren. – Zurückkommend auf Ihre Frage nach der Unterscheidung zwischen echten und falschen Seminarangeboten. Ob es hilft oder nicht, kann man ja nicht leicht unterscheiden. Überall da, wo ich manipuliert werde, wo ich aufgefordert werde, mein altes Denken gänzlich über Bord zu werfen, oder wo mir suggeriert wird, nur mit diesem bestimmten Angebot eine »höhere Erkenntnisstufe« zu erreichen, dort würde ich sehr skeptisch sein. Die eigene Freiheit ist wichtig. Es darf meinem Gefühl nicht widersprechen. Es sollte mich nicht mit total Fremdem überschwemmen. Es hilft nur das, was meiner eigenen Seele entspricht, und deshalb würde ich auf mein Gefühl achten.

>> David Steindl-Rast

Das ist ein wichtiger Punkt. Ich habe mich jahrelang bemüht, eine klare Unterscheidung zu finden zwischen hilfreicher und schädlicher religiöser Erziehung. Von meiner heutigen Sicht aus liegt der entscheidende Unterschied darin, welches Ziel dabei angestrebt wird – Abhängigkeit und Unterordnung oder Selbstständigkeit.

Wenn eine Gemeinschaft dir hilft, deine eigene Freiheit zu finden und auf deinen eigenen Füßen zu stehen, dann ist sie positiv zu bewerten. Wenn sie dir die Freiheit nimmt und dich aus Furcht abhängig macht, dann ist es wahrscheinlich ein sektiererischer Kult, dem du da in die Hände gefallen bist.

Worum es geht, lässt sich gut anhand des benediktinischen Gehorsams zeigen. Eine Zeit lang musst du das tun, was der Abt sagt.

Aber das Ziel ist, dass du lernst, frei zu handeln, ohne dass dir jemand sagt, was du tun sollst. Das Ziel des Gehorsams ist Freiheit. Der heilige Benedikt sieht sein Kloster als eine Schule, wie man Gott dienen soll – *schola Dominici servitii*. Die Gefahr in allen Schulen – auch im Kloster – besteht immer darin, dass man die Studenten nicht zu Selbständigkeit erzieht, sondern zu Unterordnung. Eine Schule soll schulen, nicht festhalten.

Sie werden dort gehalten, weil sie manipulierbar bleiben und weil das »Schulgeld« natürlich für den Guru oder die Leiterin sehr lukrativ ist.

Anselm Grün

Klar. Man hat den Eindruck, dass in bestimmten spirituellen Traditionen die Meister ihre Schüler mehr brauchen als umgekehrt.

David Steindl-Rast

Ja, das ist die große Gefahr.

Die Sünde und das Böse – oder: Warum wir in Schuld verstrickt sind

Die biblische Geschichte vom Sündenfall ist eine der in der Kunst am häufigsten zitierten, aber auch am meisten missverstandenen Mythen. Viele denken dabei an ein erstes Menschenpaar, an Adam und Eva, die – weil sie die Frucht vom Baum der Erkenntnis gegessen haben – von einem eifersüchtigen Gott aus dem Paradies vertrieben worden sind und fortan auf Erden leiden und sterben müssen. So macht diese Geschichte aber gar keinen Sinn. Müssen wir neu verstehen lernen, dass es dabei um einen Mythos geht, der zwar im Bild eine ewige Wahrheit ausspricht, die sich aber in der individuellen Geschichte jedes Einzelnen wiederholt?

 Anselm Grün

Man kann die Geschichte vom Sündenfall sehr verschieden auslegen. Zunächst ist es ja ein Bild, das folgendes Problem erklären will: Gott hat den Menschen gut erschaffen, aber die Welt ist nicht nur gut, sondern der Mensch ist auch böse. Da ist dieser Mythos ein Versuch, die Herkunft des Bösen bildhaft zu erklären. Eugen Drewermann[58] hat eine lange Abhandlung darüber verfasst. Er meint, die Ursünde ist die Angst, nicht so zu sein wie Gott. Der Mensch ist auf Gott angewiesen, aber das will der Mensch nicht. Die Geschichte des Sündenfalls geht ja weiter mit Kain, der es nicht erträgt, dass das Opfer seines Bruders bevorzugt wird, und ihn deshalb erschlägt. Dann wird vom Turmbau zu Babel berichtet: Die Menschen glauben, alles wie Gott machen zu können. Die Sündenfall-Geschichte will uns zeigen, dass der Mensch neben den positiven auch die negativen Tendenzen hat, am Leben vorbeizugehen und sein Leben zu verfehlen. Sünde heißt griechisch *hamartia*, und das bedeutet »Verfehlen eines Zieles« und an seiner Wahrheit vorbeileben. Bei der Geschichte des Sündenfalls geht es nicht so sehr um Adam und Eva, sondern um das Geheimnis des Bösen. Letztlich ist das Böse ebenso ein Geheimnis wie Gott. Allerdings ist es nicht eine selbstständige Macht neben Gott, sodass hier zwei Götter miteinander um die Macht ringen, wie das manche Religionen sehen. Sondern es gibt nur einen Gott. Das biblische Bild versucht nur, die Entstehung des Bösen zu erklären, aber es bleibt letztlich ein Geheimnis.

Der Kirchenlehrer Thomas von Aquin[59] hat vom Bösen als einer *privatio boni*[60] gesprochen: Das Böse ist eine »Beraubung des Guten«. Das Böse entsteht dort, wo das Gute, das eigentlich getan werden sollte, nicht getan wird, wo das Gute ausfällt und ausbleibt.

» David Steindl-Rast

Das Böse ist ein Loch, wo einfach etwas sein müsste. Mir liegt es am nächsten, den Begriff »Sünde« vom deutschen Wort her zu verstehen. Denn da hängt Sünde mit »ab*sondern*« zusammen. Das macht es relativ leicht, den Begriff zu begreifen und anderen begreiflich zu machen: Was immer uns trennt von unserem Selbst, von den anderen und vom Urgrund unseres Seins, das ist Sünde. Wenn das nicht zutrifft, dann ist es nicht Sünde, auch wenn dir das jemand weismachen will. Es verstößt vielleicht gegen gesellschaftliche Normen, aber Sünde ist es nicht. Man kann bei der Aussage, dass Sünde uns vom Selbst, von den anderen und vom göttlichen Urgrund trennt, die Reihenfolge umstellen, wie man will: Das Resultat bleibt das gleiche. Wer von einem der drei getrennt ist, ist auch von den anderen abgesondert. Niemand kann sagen: Ich komme wunderbar mit mir selbst aus, nur nicht mit anderen. Dann stimmt etwas nicht. Absonderung ist Absonderung. Wenn du aber in Verbindung bleibst mit deinem eigenen innersten Wesen, mit deinem Nächsten und mit Gott, dann brauchst du dir keine Sorgen zu machen. Die (äußerlich betrachtet) gleiche Handlung kann in der einen Situation sündig sein und in der anderen nicht. Die Beurteilung des Handelns hängt immer von der Situation ab. Freilich müssen wir beim Abwägen von Sündhaftigkeit bedenken, dass wir Menschen Meister der Selbsttäuschung sind. Sünde ist Absonderung. Sie ist ein gelebtes Nein zur Zugehörigkeit, und darum wird sie unheilvoll in allen Bereichen.

Der Begriff Sünde ist im Christlichen ja auch deshalb schwierig, weil wir unterschiedliche Bedeutungsebenen haben. Man spricht beispielsweise von der »Erbsünde« oder der »Ursünde«. Nicht wenige Menschen haben dadurch die naive Vorstellung: Am Anfang gab es ein Menschenpaar namens Adam und Eva. Die haben gesündigt, und deshalb ist die ganze Menschheit im Schlamassel verdammt. Wir können nichts für unsere Vorfahren. – Wenn man das aber so versteht, hat diese Geschichte wenig Sinn.

 Anselm Grün

An Erbsünde muss man gar nicht glauben. Es ist offensichtlich, dass wir in einer Welt existieren, in der vieles nicht in Ordnung ist. Erbsünde heißt nicht, dass da etwas vererbt wird, sondern die Welt ist so. Wenn wir geboren werden, werden wir in eine unheile Welt hineingeboren. Die Bibel verwendet das Bild von der Schuld der Vorväter, aber das ist natürlich nicht biologisch gemeint. Das ist nicht etwas, das mit der Zeugung vererbt wird.

David Steindl-Rast

Buddhisten sehen das ebenso. Jeder Mensch, der sich einfühlt in die Situation, muss das erleben und benennt es so oder so. »Erbsünde« ist – so müssen wir zugeben – ein sehr ungünstiger Ausdruck. Absonderung, Bruch, Trennung, Vereinzelung sind treffendere Begriffe. Die heute noch weit verbreitete Vorstellung von Erbsünde[61] ist eigentlich erst durch Augustinus erfunden worden. Da spielten sicher auch seine Lebensgeschichte und seine Persönlichkeit hinein. Die Buddhisten nennen dieselbe Erfahrung *dukkha*[62], und das entspricht der christlichen Erbsünde. Hinter *dukkha* steht ursprünglich die Vorstellung von einem Rad, das nicht richtig auf der Achse sitzt und daher schleift. Jeder Mensch, der wachen Auges in die Welt blickt, wird erkennen, dass dieses Rad nicht laufen kann, wie es laufen sollte. Wenn es in Psalm 51,7 heißt: »In Sünde hat mich meine Mutter empfangen«, dann bedeutet das eigentlich: Zu einer sündigen Welt – zu einer aus den Fugen geratenen Gesellschaft – hat schon meine Mutter gehört, als ich empfangen wurde.

Gehört wurde das leider meist völlig anders: nämlich so, als ob der sexuelle Akt der Zeugung etwas Sündiges sei, für den man sich schuldig fühlen sollte.

 David Steindl-Rast

Man muss zugeben: Es wurde deshalb anders gehört, weil es – aus dem Missverständnis des Begriffs – anders gepredigt wurde.

» Anselm Grün

Das Thema Sexualität und Sünde war eine große Schattenseite der Kirche. Das hängt auch mit dem Zölibat zusammen, dass Priester, die auf Sexualität verzichtet haben, darauf fixiert waren und das ständig zu sehr betont haben. Das muss man einfach sehr nüchtern sehen. Von der Fixierung auf Sünde und Sexualität müssen wir uns frei machen. Im Mittelalter war das nicht so extrem wie im 19. Jahrhundert bis in die 1950er-Jahre.

» David Steindl-Rast

Das war eher so eine viktorianische Prüderie, die in der Kirche stark verbreitet war, und sie wirkt sich leider immer noch negativ aus. Aber das führt uns zu einem ganz anderen Thema: zur Tradition, die sich immer wieder erneuern muss. Jede Tradition muss immer wieder zu ihren Quellen zurückgehen und sich erneuern. Das ist ein Bereich, in dem wir vieles, was aus der säkularen Kultur auf uns zukommt – die Wertschätzung des Körpers, des Weiblichen und des Geschlechtlichen –, begrüßen und bejahen sollten. Das sind Werte, die ganz ursprünglich zum Christlichen gehören, uns aber verlorengingen.

Nochmals zurück zur Sünde. Ist Sünde etwas, das der Mensch als Mensch, also weil er Mensch ist, nicht vermeiden kann?

» Anselm Grün

C. G. Jung sagt, es wäre naiv zu meinen, der Mensch könne Schuld vermeiden. Es gibt kein Leben, ohne dass wir uns etwas schuldig bleiben. Es ist zwar eine Tendenz im Menschen, zu meinen, man könne immer eine weiße Weste behalten. Aber Jung meint, dass wir uns immer ein Stück verfehlen. Jesus erzählt dazu das Gleichnis vom ungerechten Verwalter (Lk 16,1–13). Ob wir wollen oder nicht – wir verschleudern immer ein Stück vom Vermögen. Die Frage ist, wie wir mit Schuld umgehen. Jesus hat einen sehr nüchternen Umgang mit Schuld.

Sein Gleichnis vom ungerechten Verwalter beantwortet die Frage, wie ich mit meiner Schuld umgehen kann, ohne meine Selbstachtung zu verlieren. Wir haben zwei Möglichkeiten: entweder hart arbeiten und uns anstrengen oder uns schuldig fühlen, niederknien und betteln. Jesus sagt zu beiden Optionen Nein. Er zeigt uns einen anderen Weg. Mit dem Verwalter sollen wir sagen: »Ich bin schuldig, und du bist schuldig. Also teilen wir uns die Schuld. Ich gehe aufrecht in dein Haus, und du darfst aufrecht in mein Haus kommen.« Die Schuld öffnet mich für den Menschen. Ich steige herab vom Thron meiner eigenen Selbstgerechtigkeit und werde Mensch unter Menschen. Das ist die Botschaft Jesu.

Schuldgefühle zu vermitteln ist eine subtile Form der Machtausübung. Und das hat die Kirche natürlich ausgenutzt. Und das geschieht heute auch noch, wenn Eltern ihren Kindern ein schlechtes Gewissen machen und dadurch Macht ausüben.

Im dritten Kapitel des Römerbriefs heißt es: »für unsere Sünden ist Jesus Christus gestorben«, im »Exsultet«, dem Osterhymnus, sogar »o felix culpa – glückliche Schuld, welch großen Erlöser hast du gefunden«. Wie würden Sie das verstehen?

>> Anselm Grün

»Für unsere Sünden gestorben« heißt konkret: Die Sünde war die Feigheit des Pilatus, die Intrigen der Hohepriester, der Verrat des Judas – die

Sünde war die Ursache für den Tod Jesu. Aber wir dürfen Erlösung nicht auf die Sünde fixieren. Vor allem gilt eines: Gott vergibt, weil er Gott ist, und nicht, weil Jesus gestorben ist. Der Tod Jesu bewirkt nicht die Vergebung. Das muss man dogmatisch richtig sehen. Karl Rahner sagt: Der Tod Jesu am Kreuz vermittelt die Vergebung der Sünde. Am Kreuz wird die vergebende Liebe Gottes am sichtbarsten.

Diese Theologie legt uns der Grieche unter den Evangelisten dar: Lukas. Er kennt keinen Begriff von Opfer und Sühne. Wenn Jesus selbst seinen Mördern am Kreuz vergibt, dürfen wir vielmehr vertrauen, dass es in uns nichts gibt, was Gott nicht vergeben kann. Es gibt im Menschen die Sehnsucht nach Vergebung und zugleich einen inneren Widerstand dagegen, nach dem Muster: Wenn ich wirklich schuldig bin, glaube ich nicht an die Vergebung Gottes. Da ist das Kreuz eine Hilfe, an die vergebende Liebe Gottes zu glauben. Aber man soll sich nicht vorstellen, dass Jesus sterben musste, damit Gott vergibt. Das ist Unsinn. Auch zu glauben, dass Gott aus dem Schmollwinkel herauskommt und vergibt, ist abwegig. Das wäre ein kleinkariertes Gottesbild. Gott schenkt uns die bedingungslose Liebe Jesu am Kreuz, damit wir an seine vergebende Liebe zu glauben vermögen.

 David Steindl-Rast

Das kann ich nur ganz dick unterstreichen. Die Botschaft Jesu ist ja, dass Gott, sozusagen noch bevor wir gesündigt haben, schon vergeben hat. Bei Gott gibt es kein Vorher und kein Nachher. Die Sünde ist vergeben schon vor aller Zeit.

 Anselm Grün

Paul Tillich[63] nennt Vergebung die Annahme des Unannehmbaren. Wer schuldig geworden ist, fühlt sich unannehmbar. Was hilft ihm nun, dass er sich selbst wieder annehmen kann? Er braucht Menschen dazu, die ihn annehmen, und er braucht die Erfahrung, dass Gott ihn annimmt. Diese Erfahrung kann durch Worte geschehen. Tillich weist aber darauf hin, dass das Bild des Kreuzes vielen dabei geholfen hat, an die Vergebung zu glauben.

>> David Steindl-Rast

Dabei müssen wir aber betonen, dass das, was wir hier auszudrücken versuchen, die ursprüngliche zentrale christliche Botschaft ist. Du und ich stimmen in dieser Überzeugung überein. Aber es sind ganze Bibliotheken geschrieben worden, die dem, was wir hier sagen, widersprechen.

>> Anselm Grün

Ich habe mich mit der Frage der Erlösung schon während meines Theologiestudiums intensiv beschäftigt, zunächst ausgehend von Karl Rahner und dann auch bei Paul Tillich. Wenn man in die Bibel schaut, sieht man, dass sowohl der Apostel Lukas als auch Johannes ohne den Sühnegedanken auskommen. Bei Johannes bedeutet das Kreuz, dass Jesus uns bis zur Vollendung geliebt hat. Vom Kreuz her wird er alle an sich ziehen. Kreuz heißt: Ich bin umarmt mit meinen Gegensätzen, mit meinen Verletzungen und mit meiner Schuld. Bei Paulus gibt es zwei Stellen, an denen er von Sühne spricht. Die Einheitsübersetzung übersetzt das allerdings verkehrt. Christus ist uns zur Sühne geworden. Es geht hier um den Sühnedeckel – gemeint ist der Deckel der Bundeslade –, aber das ist ein Bild. Nicht: Jesus hat Sühne geleistet. Das steht überhaupt nicht in der Bibel. Leider hat das die Einheitsübersetzung so übersetzt. Röm 3,25 meint, dass Jesus der Ort der Sühne geworden ist. Er ist in seiner Liebe gleichsam zum Schwamm geworden, der alle Sünde an sich zieht und entsorgt.

Auch wenn wir uns eine andere Bibelstelle anschauen: »Seht das Lamm Gottes, das hinwegnimmt die Sünde der Welt.«[64] Manche Exegeten sehen sofort die Sühne darin. Aber das hat mit Sühne überhaupt nichts zu tun. Sondern es bedeutet: Jesus ist Fleisch geworden – das griechische *sarx* bedeutet »das Vergängliche«. Und bei Lamm steht nicht *arnion*, das Sühne-Lamm, sondern *amnòs*, und das meint das »Hinfällige«, »Reine«, »Unschuldige«. Und die Stelle: »es trägt hinweg die Sünde der Welt« stammt ursprünglich aus dem Buch Exodus, wo Gott dem Mose sagt: Ich bin ein barmherziger Gott. Ich lade dir die Sünde nicht auf. Ich trage die Sünde hinweg. In Jesus wird die Sünden wegtragende Liebe Gottes offenbar. Fleisch (*sarx*), Lamm (*amnòs*) und Kreuz (*stauròs*) – das ist er Gipfel des Hinfälligen. Und dass das Kreuz die Erhöhung ist, die Vollendung, das ist das Paradoxe.

>> David Steindl-Rast

Jesu Tod als Sühne zu verstehen, das ist nur eine von zahlreichen Interpretationen im Neuen Testament. Aber diese eine wurde herausgegriffen und fast ausschließlich theologisch weiterentwickelt. Da muss man nun vieles Vernachlässigte aufholen. Wenn wir genauer verstehen wollen, worum es bei der Erlösung geht, scheint mir ein Satz im Johannesevangelium wichtig, in dem Jesus sagt: »Ich bin gekommen, damit sie das Leben haben und es in Fülle haben.« (Joh 10,10) Diese Lebensfülle ist die Befreiung von unserer Enge und dem kleinen Ego. Es ist eine Befreiung aus der Abkapselung in der Sünde, hinein in die Gemeinschaft, nicht nur mit Menschen, sondern auch mit den Tieren, den Pflanzen und mit dem ganzen Kosmos. Es geht um Wiedervereinigung, darum, wieder ein Teil des Ganzen zu werden und mit dem Ganzen Gott zu rühmen durch freudig dankbares Leben. Das ist für mich Erlösung und nicht, dass ich durch die Sünde einen Schmutzfleck auf meiner Weste habe, der durch die Erlösung weggewaschen werden muss.

Anselm Grün

Erlösung, *soteria*, heißt auch Heilung, Wohl und Rettung. Das griechische Verb *sozein* heißt auch bewahren und ganz werden. Der Mensch erlebt sich als verletzt, verwundet und abgesondert. Er will ganz werden. Er braucht einen Raum, wo er ganz werden kann und nicht zerstückelt bleibt. Für mich ist das Kreuz ein Symbol, vor dem ich immer wieder sitze und meditiere. Das Kreuz ist schon vor Jesus ein Heilssymbol, das die Einheit aller Gegensätze symbolisiert. Die frühe Kirche sah im Kreuz einen Lebensbaum als Leiter und Schlüssel zum Leben. Es ist ein Geheimnis, dass Jesus am Kreuz gestorben ist, aber wir dürfen das nicht mit Bildern von Strafe und Sünde verbinden, sondern mit Liebe bis zur Vollendung. Jesus sagt ja auch: »Es gibt keine größere Liebe, als wenn einer sein Leben hingibt für seine Freunde.« (Joh 15,13)

Am Ölberg steht er vor der großen Frage, ob er aufgeben oder den Weg bis zum Ende zu gehen soll. Diese Liebe bis zur Vollendung war sein Motiv. Aber Jesus ist nicht gekommen, um zu sterben, sondern um seine Botschaft vom Reich Gottes zu verkünden. Zum Schluss hat die politische Situation seine Absicht durchkreuzt.

Wenn wir in der Eucharistie Tod und Auferstehung Jesu feiern, ist das für mich eine Weisheit, die Kunst, das, was mir widerfahren ist, in einen Akt der Hingabe zu verwandeln. Opfer heißt für mich Hingabe. Ich habe mein Leben hingegeben – in der griechischen Bibelübersetzung heißt es »aufs Spiel gesetzt«. Das zeigt uns unseren Wert, den Jesus uns beimisst. Wir sind ihm so viel wert, dass er für uns sein Leben aufs Spiel gesetzt hat. Im Johannesevangelium finden wir auch dieses Paradox. Der Tod Jesu ist gewaltsam. Er ist von außen gekommen. Dieses Gewaltsame hat Jesus in einen Akt der Liebe verwandelt. Damit nimmt er dem Bösen und der Gewalt die Macht und verwandelt sie. Das ist das Paradox. Es gibt viele solche Bilder, und wir werden nie fertig, dieses Geheimnis zu meditieren. Wir dürfen es aber nicht auf Sünde und Schuld fixieren.

Die Achtlaster-Lehre – oder: Die Anfänge einer spirituellen Psychologie

Die biblischen Texte, aber auch die spirituellen Schriften der monastischen Wüstenmütter und Wüstenväter haben eine kluge religiöse Psychologie im Umgang mit Versuchungen entwickelt. Evagrius Ponticus, einer der großen Wüstenväter des vierten Jahrhunderts, hat so etwas wie eine erste Psychologie des geistlichen Lebens entworfen, die Lehre von den sogenannten neun Logismoi[65]. Sie wurde später unter dem Namen Achtlaster-Lehre über Johannes Cassian[66] und andere weiter überliefert und wurde breiter bekannt als die Lehre von den Sieben Todsünden. In der ursprünglichen Lasterlehre zeigt Evagrius, wie die Mönche mit den Leidenschaften umgehen sollen. Damals benutzte man dafür das Bild von Dämonen, mit denen man zu kämpfen habe. Aber es ging nicht um eine Dämonologie, so als ob es sich um im Außen hockende Geister handeln würde. Vielmehr sind es Bilder für die Strebungen in uns. Was sollte man über diese Achtlaster-Lehre heute wissen, wenn man im geistlichen Leben besser vorankommen möchte?

Anselm Grün

Einmal wertfrei betrachtet, sind die *logismoi* Leidenschaften. Leidenschaften sind Kräfte, die den Menschen beherrschen, ihn aber auch zum Leben antreiben können. Es geht nicht darum, die Leidenschaften abzuschneiden, denn dann fehlt mir die Kraft, und meine Spiritualität wird kraftlos. Es geht darum, frei zu werden vom pathologischen Verhaftetsein an die Leidenschaften. Das griechische Wort *apatheia*[67] meint nicht, dass wir keine Leidenschaften mehr haben sollen, sondern beschreibt einen Zustand, in dem die Leidenschaften integriert sind und wir nicht mehr von ihnen beherrscht werden. Sehen wir uns einmal die drei Grundtriebe Essen, Sexualität und Besitzstreben an.

Das deutsche Wort Trieb sagt schon, dass uns da etwas antreibt. Wir wollen essen, weil wir genießen wollen. Wir wollen Sexualität, weil wir Sehnsucht haben, uns hinzugeben und uns zu vergessen. Hinter dem Besitzen steckt die Sehnsucht, Ruhe zu haben. Alle drei Antriebe werden auch religiös überhöht: das heilige Mahl, die Sexualität in der Mystik und die göttliche Ekstase, und beim Besitz spricht Jesus vom Schatz im Acker, der kostbaren Perle. Aber alle drei können auch zur Sucht werden: Esssucht, Sexsucht und Habsucht. In den Leidenschaften und Trieben steckt etwas Positives, aber sie können uns auch beherrschen. Da geht es immer um das richtige Gleichgewicht. Der Wüstenvater Poimen[68] sagt: Nimm von den Leidenschaften und gib ihnen, dann werden sie dich bewährter machen. Ich soll mich also nicht von ihnen abschneiden, sondern mit ihnen kämpfen, damit ich ihre positiven Eigenschaften in mein Leben integrieren kann.

Die emotionalen Leidenschaften sind Traurigkeit, Zorn und Trägheit. Trauer, griechisch *pentos*, gehört zum Menschsein. In der Psychologie sagt man auch: Ich muss betrauern, dass ich so durchschnittlich bin wie ich bin, und wenn ich das betrauert habe, kann ich mich – so wie ich bin – annehmen. Aber Traurigkeit – *lypé* – als Laster meint das Steckenbleiben in der Trauer, das Selbstmitleid. Am Grund dieses Selbstmitleids finden sich übertriebene infantile Wünsche. Ich kreise im Selbstmitleid um mich herum und komme im Leben nicht weiter. Zorn – griechisch *orgé* – hat auch etwas Positives. Aggression will das Verhältnis von Nähe und Distanz regeln. Aber Zorn kann mich auch beherrschen im Jähzorn oder wenn ich ausflippe. Trägheit – *akedia* – ist im Grunde die Unfähigkeit, im Augenblick zu sein. Ich habe weder Lust zum Arbeiten noch zum Beten noch zum Genießen noch zum Nichtstun, ich bin innerlich zerrissen, und schuld sind immer die anderen.

>> David Steindl-Rast

Weil ich selbst zum Jähzorn neige, hat es mich immer angesprochen, dass bei Thomas von Aquin der Zorn weitgehend positiv gewertet wird – als eine Extraportion an Energie, die wir brauchen, um Widerstand zu überwinden, so wie wir beim Autofahren mehr Gas geben, wenn es steil auf den Berg hinaufgeht. Das negative am Zorn ist eigentlich nur die Ungeduld.

>> Anselm Grün

Das wäre Aggression im positiven Sinn. Es gibt noch die drei geistigen Leidenschaften: Neid, Ruhmsucht und Hochmut, wovon Letztere – die *hybris* – die gefährlichste ist. Hinter Ruhmsucht steckt etwas durchaus Positives, wenn man etwas erreichen will. Das Negative der Ruhmsucht zeigt sich dann, wenn einer ständig bewundert und beklatscht werden will. Er macht sich dadurch total abhängig von äußerer Anerkennung. Neid entsteht dann, wenn man sich ständig mit anderen vergleicht. Man schaut auf die anderen und meint, sie haben es jeweils besser. Auch das ist eine Form, wie ich nicht bei mir bin.

Und *hybris*, Hochmut, ist die Weigerung, mich anzunehmen, wie ich bin. Stattdessen klammere ich mich an ein überhöhtes Idealbild und lehne es ab, meine Realität anzuschauen. C. G. Jung spricht von der Hybris als einer »Inflation des Ego«. Ich blähe mich auf mit großen Bildern. Er spricht von der Gefahr, sich mit archetypischen Bildern zu identifizieren. Ein Beispiel dazu wäre das Bild des Heilers und Helfers. Archetypische Bilder dienen positiv dazu, in mir mehr Lebendigkeit hervorzulocken. Jeder von uns ist in einem Bereich Heiler und Helfer. Dieses Bild weckt eine Energie in uns. Aber wenn wir uns damit identifizieren, werden wir blind dafür, dass wir unter dem Deckmantel des Heilers unsere eigenen Bedürfnisse ausleben.

Dazu ein Beispiel: Eine Frau erzählte mir, dass sie im Alter von 17 Jahren von ihrem Bruder vergewaltigt worden ist. Sie hat dann gebeichtet, und ihr Beichtvater sagte zu ihr: »Ich kann dich heilen.« Das ist schon mal ein großes Versprechen. Die »Heilung« sah dann so aus, dass die Frau alle vier Wochen zum Beichten kommen musste, und der Priester hat sie eine Stunde lang ganz eng umarmt. Ihr kam das zwar sehr komisch vor, dachte aber, dass der Priester schon wissen werde, was er macht. Erst mit 40 Jahren konnte sie sagen: »So ein Schwein! Er hat seine eigenen Bedürfnisse nach Nähe bei mir ausgelebt unter dem Deckmantel des Heilers.«

So etwas ist gefährlich. Es gibt eine Grundgefahr in der Spiritualität, mich mit dem Heiligen total zu identifizieren. – Das Heilige ist in uns. Aber wenn ich mich total damit identifiziere, werde ich blind dafür, dass ich andere Bedürfnisse unter dem spirituellen Deckmantel auslebe.

》》 David Steindl-Rast

Die Ruhmsucht baut dann einen pompösen Palast auf mit immer höheren Stockwerken; die Hybris wohnt in der obersten Etage und lässt anschließend alle unteren Stockwerke abreißen ...

In unserem Kloster, in Mount Saviour, wurde uns die Lehre des frühen Mönchtums über Laster und Tugenden so dargestellt: Unser Ziel ist es, wach im Jetzt zu stehen. Dieses Ziel können wir auf dreierlei Weise verfehlen: Wir können das Jetzt versäumen, weil wir uns noch an die Vergangenheit klammern oder weil wir schon von der Zukunft träumen. Wenn keines von beiden zutrifft, gibt es noch eine dritte Möglichkeit, das Jetzt zu versäumen: Wir können es verschlafen. Alle anderen Laster entspringen aus diesen drei Wurzeln. So sind zum Beispiel Nachträgerei, Geiz, Kleinlichkeit und Knauserei sowie Unmäßigkeit in Essen, Trinken, Sex und Luxus nicht offen für die einzigartig neue Gelegenheit, die das Jetzt uns bietet, weil wir uns an schon aus der Vergangenheit Bekanntes klammern. Auf entgegengesetzte Weise können wir das Jetzt auch versäumen durch zornige Ungeduld, Neid und Missgunst, Geldgier, Ruhmsucht und ähnliche Verstrickungen in Wunschträume für unsere Zukunft. Aber auch ohne an Zukunft oder Vergangenheit zu haften, können wir das Jetzt versäumen, etwa durch Trägheit, Trübsinn, Lauheit Überdruss, oder durch jene Unlust auf allen Ebenen, die *akedia* genannt wurde und vom Mittagsdämon der Wüstenhitze stammen soll. Diese Sicht vereinfacht den Katalog der Laster auf drei und macht zugleich verständlich, warum sie uns schaden: Sie vereiteln unsere wache Antwort auf die Gelegenheit, die das Jetzt uns schenkt.

Man kann anhand dieses einfachen Schemas aber auch erkennen, dass jede dieser potenziell negativen Neigungen auch etwas Positives hat. In einer Gemeinschaft ist es nicht schwer zu sehen, wer zum Anhaften neigt, wer immer den anderen voran ist und wer sich in der gemäßigten Mitte zu Hause fühlt. Aber jede dieser drei Gruppen hat etwas Wichtiges beizutragen zum Leben in der Gesamtheit. Die »Konservativen« und die »Progressiven« korrigieren einander. Und wenn es dabei zu hitzig hergeht zwischen diesen beiden Gruppen, dann brauchen wir die Brüder aus der dritten Gruppe, denn sie sorgen für das Gleichgewicht, damit das Boot nicht so schwankt. Sie halten alles stabil mit dem Ballast ihrer *gravitas*.

Jeder von uns neigt von Natur aus zu einer dieser drei Haltungen. Jede hat ihre Licht- und Schattenseiten. Es geht darum, die Lichtseite unserer natürlichen Neigung zu erkennen und zu entwickeln. Laster sind schlechte Gewohnheiten, die uns zur zweiten Natur geworden sind. Aber wir können uns auch gute Gewohnheiten zur zweiten Natur werden lassen, also zu Tugend. Zwei Schritte sind dazu nötig. Wenn wir im ersten Schritt unsere Neigung erkennen, können wir im zweiten Schritt fragen, was unsere naheliegenden Tugenden sind, Tugenden, die uns leicht fallen, weil wir durch unsere natürliche Neigung schon leidenschaftlich in dieser Richtung gepolt sind.

Wie geht man mit diesen Leidenschaften gut um?

 Anselm Grün

Die Traurigkeit lädt mich ein, mich in meiner Durchschnittlichkeit anzunehmen, dass ich nicht alle meine Wünsche erfüllen kann. Der Zorn als Kraft lädt mich ein, etwas anzupacken und einen Zustand zu ändern. Die *akedia*, die einen zerreißt, wird geheilt durch *stabilitas*, also dass ich lerne, bei mir selbst zu bleiben. Ruhmsucht kann mich anstacheln, aktiv zu werden. Evagrius sagt: Der ruhmsüchtige Mönch fastet, lebt asketisch und kämpft so gegen die primitiven Leidenschaften. Der positive Impuls des Neides besteht darin, dass ich nicht behäbig werde, sondern durch das Vergleichen spüre, dass auch ich noch andere Möglichkeiten habe. Ich darf nur nicht steckenbleiben im Neid, weil ich dann gelb werde vor Neid. Der Neid ist die Einladung, dankbar meine Möglichkeiten zu sehen. Die Hybris hat eine positive Seite, wenn ich mich von Idealen begeistern lasse und meine Fähigkeiten dadurch herauslocke. Die Gefahr ist, mich mit diesen Idealen zu identifizieren und so meine Realität zu verdrängen.

Das ist das, was Wolfgang Schmidbauer[69] in seinem Buch über die Destruktivität von Idealen beschrieben hat. Ich ersetze das Reale durch das Ideale. Ich glaube nicht mehr an mich selbst, sondern halte mein Ich-Ideal für das Zentrale. Durch diese Verweigerung der Selbstannahme existiert man in einer gewissen Weise in einer seelischen Hölle.

Anselm Grün

Deshalb ist auch die Demut, die *humilitas*, so wichtig, damit ich mit beiden Beinen auf der Erde bleibe. Bei Priestern zum Beispiel erlebe ich immer wieder, dass sie sich sehr mit ihrer Rolle identifizieren, aber gar keine solide Basis darunter haben.

Ein Phänomen möchte ich dazu erzählen: Es gibt Priester, die nicht mehr zelebrieren können, weil sie Angst haben, ihnen werde am Altar schwindlig. Das ist ein Zeichen dafür, dass mein Idealbild zu groß ist und ich dann merke, dass ich eigentlich ganz anders bin. Wenn der Abstand zwischen Ideal und Realität zu groß wird, kann einem schwindlig werden. Ideale können uns herauslocken. Wenn wir Heiligengeschichten lesen, kann manches anspornend sein, aber wenn wir meinen, sie genau kopieren zu müssen, dann entsteht die Gefahr.

 David Steindl-Rast

Grundsätzlich ist die Antwort auf die Frage, wie wir mit unseren Schwächen und Lastern umgehen, nicht dagegen anzukämpfen, sondern das Positive darin zu finden. Das Positive, das mir am nächsten liegt, gilt es zu entwickeln.

 Anselm Grün

Ich zitiere da nur den Anfang des Märchens von den drei Sprachen. Der junge Sohn eines Grafen lernt die Sprache der bellenden Hunde. Sein zornentbrannter Vater verstößt daraufhin den Sohn. Dieser kommt zu einer Burg, um zu übernachten. Der Burgherr kann ihm nur den Turm anbieten, wo die bellenden Hunde hausen, die schon manchen zerrissen haben. Aber der Junge, der die Sprache der Hunde versteht, geht freundlich mit ihnen um. Da verraten sie ihm, dass sie nur deshalb so wütend sind, weil sie den Schatz hüten. Sie zeigen ihm den Schatz und helfen ihm, ihn auszugraben.

Das ist für mich ein hilfreiches Bild in der geistlichen Begleitung. Dort, wo einer die meisten Probleme hat – der eine bei der Sexualität, der andere im Jähzorn, der andere wiederum in der Überempfindlichkeit –, liegt auch sein Schatz begraben. Der lauteste Hund ist der, der auch den Schatz anzeigt.

Die Wüstenmönche, aber auch später viele Mystiker und spirituelle Lehrerinnen und Lehrer, weisen darauf hin, wie wichtig es ist, wachsam und klug zu sein bei der Unterscheidung von Gutem und Bösem. Allerdings ist das, wie jeder weiß, kein leichter Job. Denn viel scheinbar Gutes ist genau besehen verhülltes Böses. Und viel scheinbar Böses zeigt sich als etwas tatsächlich Gutes. Das bedeutet: Um das im Leben zu entwirren, ist ein klarer Kopf notwendig, also das, was die Tradition die »Unterscheidung der Geister« nennt. Welche Kriterien der Unterscheidung würden Sie für die Wahrheitsfindung empfehlen?

>> Anselm Grün

Die Mönche kennen vier Kriterien: Gut ist immer das, wo größere Lebendigkeit, Freiheit, Friede und Liebe ist. Die alten Mönche unterscheiden drei Gedanken: die von Gott kommen, die von Dämonen kommen und die aus mir selbst kommen. Die Gedanken, die von Gott kommen, bewirken Lebendigkeit, Freiheit, Friede und Liebe. Die Gedanken von Dämonen bewirken Überforderung, Enge und Angst. Und die Gedanken, die von mir kommen, sind von Unverbindlichkeit, Banalität und Zerstreuung gekennzeichnet.

Da möchte ich kurz einhaken, weil Sie von Dämonen gesprochen haben. Ich glaube, es wäre intellektuell verwegen, würde man sich Dämonen als irgendwo außen hockende Geister vorstellen. Ich denke, wir müssen das tiefenpsychologisch verstehen. Heute würden wir von seelischen und systemischen Verstrickungen sprechen. Die Umgangssprache – in Österreich zumindest – sagt das sehr schön, was als »dämonisch« beschrieben ist: Den hat es.[70] Er ist verstrickt in einem Wahn oder in einer Sucht. Ist das mit Dämonen gemeint?

>> Anselm Grün

Auch da ist die Theologie wichtig. Sie sagt: Dämonen und auch Engel sind geschaffene geistige Wesen und personale Mächte, aber sie sind keine Personen, die man vereinzeln kann. Es sind Kräfte, die meinem Personsein schaden. Das hat eine psychologische Dimension durch soziale Verstrickungen und Verletzungen in der Kindheit und so weiter. Wenn wir von Dämonen sprechen, meinen wir die Tiefendimension des Bösen.

C. G. Jung sagt einmal: »Was ist realistischer zu sagen: Ich bin vom Teufel geritten oder ich habe einen Komplex?« Er meinte, es sei psychologisch angemessener, zu sagen, man sei vom Teufel geritten. Damit sieht er nicht den Teufel als eine Person, sondern meint es bildhaft. So wie Sie sagten, »es hat mich«, es hat mich etwas geritten. Wenn ich sage: Ich habe einen Komplex, meine ich, *ich* habe den Komplex. Aber in Wirklichkeit hat der Komplex mich.

Das ist das Bild des Dämonischen, aber wir müssen immer beachten, dass es ein Bild ist. Ich kenne manche Christen, die zu sehr von Dämonen und Besessenheit reden. Die projizieren etwas nach außen, was eigentlich in ihnen ist. Wenn einer ständig vom Teufel redet, hat er eigentlich Angst vor seiner eigenen Seele.

David Steindl-Rast

Ich stimme dem zu, was du über die Unterscheidung der Geister gesagt hast. Aber zusätzlich reizt mich ein anderer Ansatz. Unterscheidung der Geister kann man auf zweierlei Weise verstehen. Entweder gute Geister von bösen Geistern immer klarer zu unterscheiden. Die andere Unterscheidung der Geister ist zu unterscheiden zwischen denen, die glauben, klar zwischen den Geistern unterscheiden zu können, und jenen, die ganz realistisch die Welt so annehmen, wie sie ist, und dann kann man sie nicht mehr so klar unterscheiden. Ich habe mir immer gewünscht, dass es einen heiligen Georg gibt, den man klar an seinem Heiligenschein erkennen kann und der den Drachen tötet, den man natürlich schon deutlich an seinem Atem riechen kann. Doch wo immer ich hinschaue, hat in der Wirklichkeit der Drache auch einen kleinen Heiligenschein und der heilige Georg auch einen Drachenschwanz. Also: Säuberliche Unterscheidungen finde ich nur in Büchern, im wirklichen Leben aber nirgends.

Anselm Grün

Ja, das ist immer vermischt. Wie oft geschieht unter dem Vorwand des Guten auch Böses. Jesus hat immer die Selbstgerechtigkeit gegeißelt. Es ist nicht immer eindeutig, was gut und was böse ist. Man kann das nicht chemisch rein scheiden. Es ist immer vermischt.

Vom Leiden und der Versöhnung – oder: Das Kreuz und die Strukturen der Sünde

Manchmal ist es so, dass wir in unserem Streben nach einen »guten Leben« das Leiden ausklammern. Wir meiden normalerweise das Leiden, wo wir können. Das ist auch verständlich. Aber interessanterweise lehrt das Evangelium, dass das Leben auch eine Erfahrung des Kreuzes ist. Damit ist nicht gemeint, dass wir Leiden anstreben oder gar sakralisieren sollen. Aber es scheint so zu sein, dass Leiden im Leben unvermeidbar ist, auch auf dem spirituellen Weg. Wenn das so ist: Was ist dann der tiefere Sinn des Leidens?

Anselm Grün

Ich kenne da zwei Haltungen. Die eine ist die Angst. Eine junge Frau kam zu mir, sehr schön, erfolgreich, alles klappte bisher in ihrem Leben. Sie kam, weil sie Angst bekam, es könne doch nicht so weitergehen. Es muss bald das Leiden kommen. – Aber das ist eine falsche Sicht. Das Leid muss nicht kommen. Aber es ist meistens da. Wir haben keine Garantie, ohne das Leid durchs Leben zu gehen. Aber wir sollen es auch nicht masochistisch suchen. Erfahrungsgemäß durchkreuzt uns das Leid einmal durch eine Krankheit, einen Konflikt oder einen schweren Verlust. Dann ist es wichtig, diese Herausforderung anzunehmen. Ich kann das Warum des Leidens nicht klären. Aber ich kann den Umgang damit beeinflussen. Für mich ist die christliche Antwort: Das Leid zerbricht die Vorstellungen von mir selbst, meinem Leben und von Gott. Wenn aber meine Vorstellungen zerbrechen, werde nicht ich gebrochen, sondern ich werde aufgebrochen für mein wahres Selbst, füreinander und für Gott. Wenn ich an einer Vorstellung festhalte wie etwa: »Ich habe doch gut gelebt. Warum hat mich Gott krank werden lassen?« –, dann werde ich bitter und zerbreche daran.

>> David Steindl-Rast

Man muss in diesem Zusammenhang vorsichtig mit dem Wort »Kreuz« umgehen. Das ursprüngliche Kreuz war die Durchkreuzung der Pläne Jesu. Man sollte mehr betonen, dass Jesus nicht durch einen Justizmord hingerichtet wurde. Kreuzigung war bei den Römern die gesetzliche Strafe für Hochverräter und davongelaufene Sklaven; ihr Verbrechen war, dass sie die herrschende Gesellschaftsordnung unterminierten. Worauf aber zielt die Reich-Gottes-Predigt Jesu ab, wenn nicht auf die Unterminierung der herrschenden Gesellschaftsordnung? Darum konnte er voraussehen, dass sein Weg zum Kreuz führen musste. Darum sind die Bibelstellen, an denen Jesus seine Kreuzigung voraussagt, historisch völlig einleuchtend. Wenn man sich so gegen die Machtpyramide der Welt auflehnt und völlig andere Werte predigt, dann wird man unter die Räder kommen und hingerichtet werden. Das war der eigentliche Grund für die Kreuzigung Jesu. Jedermann hätte sie voraussehen können. Wenn wir Jesus nachfolgen, dann heißt das, unser Kreuz auf uns nehmen, denn Jesus nachfolgen heißt ja ganz ausdrücklich auch heute noch, die vorherrschende Gesellschaftsordnung zu unterminieren. Das ist etwas radikal Revolutionäres.

>> Anselm Grün

Kreuz ist nicht nur etwas Passives. Jesus hat den Mut gehabt, anders zu denken und seinem Gewissen zu folgen. Das haben Martin Luther King und andere auch erlebt. Sie haben das Kreuz nicht gesucht, sondern für die Gerechtigkeit gekämpft. Das Kreuz war dann die Folge.

Sie mussten damit rechnen. Wer sich in Lateinamerika einsetzt für Gerechtigkeit, muss ebenfalls damit rechnen, von irgendwelchen Todesschwadronen oder Söldnern verfolgt zu werden.

 David Steindl-Rast

Man müsste das klar sagen. Wenn wir aufgefordert werden, als Christen das Kreuz auf uns zu nehmen, dann heißt das: Wir sind dazu aufgefordert, bestehende ungerechte Gesellschaftsordnungen umzustoßen. Aber nicht durch Gewalt. Wir brauchen eine Revolution, die so revolutionär ist, dass sie sogar den Begriff der Revolution revolutioniert. Sonst werden nur die, die vorher unten waren, oben sitzen und das Gleiche tun wie die vor ihnen. Doch die ganze ungerechte Machtpyramide muss abgebaut und ersetzt werden durch eine Vernetzung kleiner Netzwerke, kleiner Gemeinschaften. Die Verantwortlichen der ersten solcher Gemeinschaften in Jerusalem sagen ganz einfach zu den Behörden: »Man muss Gott mehr gehorchen als den Menschen.« (Apg 5,29) Das Reich Gottes beginnt mit überschaubaren kleinen Gemeinschaften, die furchtlos handeln, weil sie sich befreit haben von einer Unrecht produzierenden Machtlogik. Darum ist meiner Meinung nach auch das Mönchstum grundsätzlich revolutionär.

Wo sehen Sie heute jene Verhältnisse, die man als »Strukturen der Sünde«[71] kennzeichnen kann? Welche Situationen machen eine Revolution im vorhin angesprochenen Sinn notwendig?

 David Steindl-Rast

Die »Strukturen der Sünde« zeigen sich an der Machtpyramide, die unsere Zivilisation kennzeichnet. Sie trägt alle Merkmale des Ego, vor allem Furcht. In der Furcht wurzeln dann drei Hauptmerkmale der Machtpyramide: Gewalttätigkeit, Konkurrenzkampf und Habgier. Dagegen stellt Jesus furchtlos das Reich Gottes: Gewaltfreiheit, Zusammenarbeit und Teilen. Gegen unsere wahnwitzige nukleare Aufrüstung steht Gewaltfreiheit: »Wer das Schwert ergreift, der soll durch das Schwert umkommen.« (Mt 26,52) Gegen den unlauteren Wettbewerb, der zum Motor unserer ganzen Kultur geworden ist, steht Zusammenarbeit für das Gemeinwohl: »Einer trage des anderen Last.« (Gal 6,2) Und gegen die Gier, die Habsucht und die Bereicherung auf Kosten anderer, durch die Reiche immer reicher und Arme immer ärmer werden, setzt Jesus das Teilen: »Wer zwei Röcke hat, teile mit dem, der keinen hat.« (Lk 3,11) Die Geschichte von der Brotvermehrung[72] zeigt uns, dass, wenn geteilt wird, immer genug für alle da ist. In diesen drei Bereichen – Aufrüstung, Konkurrenzkampf und Habgier – muss das Christentum revolutionär sein.

❯❯ Anselm Grün

Dazu drei Punkte: Die reine Ökonomisierung des gesamten Lebens ist heute eine Gefahr, weil alles unter rein ökonomischen Gesichtspunkten betrachtet wird. Das ist in der Medizin so, in der Bildung, in der Natur und so weiter. Zweitens ist die Verrechtlichung problematisch. Recht und Gerechtigkeit driften immer weiter auseinander. Manchmal wird das Recht auch dazu missbraucht, sich in verstrickten Situationen auf einen Schuldigen zu fixieren und alles an ihm festzumachen. Der dritte kritische Punkt ist die Ungerechtigkeit in all ihren Dimensionen. Jesus preist jene glücklich, die hungern und dürsten nach Gerechtigkeit (Mt 5,6). Wer Gerechtigkeit sät, wird Frieden ernten. Ungerechtigkeit gibt es immer, in dem Sinn, dass es keine absolute Gerechtigkeit gibt. Christen haben aber immer einzutreten für gerechte Strukturen, gerechte Güterverteilung und gerechte Chancenverteilung. Heute leben wir im Zeitalter der Globalisierung. Das kann eine Chance für mehr Gerechtigkeit sein. Wenn aber nur die Macht des Stärkeren siegt, dann wird die Globalisierung zum Fluch für den Menschen. Es wäre wichtig, unsere christlichen Werte zu globalisieren als Gegengewicht zu Macht und Gewalt.

 David Steindl-Rast

An der Wurzel dieser Grundübel, die du genannt hast, liegen Furcht und Gier. Die Gier entspringt eigentlich auch der Furcht, nicht genügend zu bekommen, zu kurz zu kommen. Und da sind wir wieder beim Ego. Wir leben in einer Welt, die das Ego aufgebaut hat. Unsere Welt trägt alle Kennzeichen des Egos. Wir müssen aber zu einer Welt des Ich-selbst finden.

Ich möchte an einem der Vorschläge anknüpfen, den Sie im Zusammenhang mit dem revolutionären Erbe genannt haben. Das kann man gut am Beispiel des Leidens deutlich machen, weil Leiden auf der Welt allgegenwärtig ist. Es gibt Leiden, das durch Unglück, Krankheit oder Naturkatastrophen verursacht wird. Dieses Leid ist unvermeidbar. Aber es gibt viel Leid, das menschengemacht ist und vermeidbar wäre. So oder so zeigt uns die Geschichte, die Spiritualität, aber auch die Psychologie: Wer nicht lernt, den Schmerz des Leidens zu verwandeln, der wird ihn meist an andere weitergeben. Man kann immer wieder gut beobachten, wie sich der Kreislauf von Gewalt und Gegengewalt, von Tat und Vergeltung, von Ungerechtigkeit und Hass immer wiederholt. Dieses Leiden ist zudem auch ein »Fels des Atheismus«[73], weil dieser einen guten Gott mit einer Welt im Leid als unvereinbar ansieht. Was lehrt die christliche Tradition in Bezug auf die Wandlung von Schmerz und den Sinn von Leiden?

Anselm Grün

Zunächst: Jeder Mensch wird verletzt, ob er will oder nicht. Wenn wir uns nicht aussöhnen mit diesen Verletzungen, dann ist es oft so, dass wir sie weitergeben. Dann entsteht dieser Kreislauf des Leidens. Da ist für mich das Kreuz ein Stoppschild. Jesus wird verletzt, aber er verwandelt diese Verletzung in einen Akt der Liebe.

Kurz zurückgefragt: Das klingt sehr heroisch. Ich muss mich aussöhnen mit einer Verletzung. – Denken wir einmal an Missbrauchsopfer. So leicht geht das nicht mit der Aussöhnung. Ich muss doch zuerst einmal wahrnehmen und sagen dürfen, dass ich missbraucht worden bin. Ich muss darüber auch wütend sein dürfen.

 Anselm Grün

Ja, Sie sprechen den Vergebungsprozess an. Dieser Prozess besteht aus fünf Schritten:

Zuerst: den Schmerz nicht überspringen oder verdrängen, sondern ihn zulassen. Mich selbst ernstnehmen heißt auch, meinen Schmerz ernstzunehmen.

Zweitens: meine Wut zulassen. Die Wut ist die Kraft, mich vom anderen zu distanzieren und mich dadurch von der Macht des anderen über mein Leben zu befreien. Die Wut muss aber in den Ehrgeiz verwandelt werden: Ich kann selbst leben. Ich bin nicht nur Opfer des Missbrauchs.

Drittens: objektiv verstehen, was da eigentlich abgelaufen ist. Nur wenn ich verstehen kann, kann ich zu mir stehen.

Der vierte Schritt wäre die Vergebung. Vergebung ist ein Akt der Befreiung. Es bedeutet, dass ich mich von der negativen Energie befreie, die durch die Verletzung in mir ist. Ich befreie mich auch von der Bindung an den anderen. Denn wenn ich nicht vergeben kann, bin ich noch gebunden, und der andere hat noch Macht über mich.

Der fünfte Schritt wäre, die Wunde in eine »Perle« zu verwandeln. Ich bin verletzt worden, aber ich bin dadurch aufgebrochen und auf einen neuen Weg geschickt worden. Ich kenne tief verletzte Menschen, denen es gelungen ist, ihre Verletzung in eine »Perle« zu verwandeln. Die sind dadurch gute Therapeuten, Ärzte oder Seelsorger geworden und konnten damit anderen Verletzten helfen. Das ist die Verwandlung der Wunde in eine Perle.

Natürlich dürfen wir nicht werten. Denn ich kenne Menschen, bei denen mir – wenn ich ihre Geschichte anhöre – der Atem stockt. Ich weiß, dass da nicht so schnell eine Verwandlung möglich sein wird. Ich sage dann manchmal: Du hast etwas ganz Schreckliches erfahren. Aber das hast Du erfahren, und diese Erfahrung macht dich auch erfahrener als andere. Du darfst stolz sein, dass du das so überlebt hast. Jetzt geht es um die Frage: Wie kannst du jetzt damit leben?

 David Steindl-Rast

Zur Vergebung möchte ich noch etwas anmerken. Das Wort »Vergebung« sagt mir sehr viel, weil es die intensivste Form des Gebens ist. Auch im Lateinischen gibt es das Wort *perdonare*, was das völlige Geben, das äußerste Geben meint.

Die Vorstufe dazu ist das Aufgeben. Wir müssen immer in unserem Leben etwas aufgeben. Sonst kann auch nichts Neues kommen. Wir müssen die Kindheit aufgeben, damit wir erwachsen werden können. Am Ende müssen wir unser ganzes Leben aufgeben. Aber die Geste des Aufgebens ist auch eine des Aufhebens. Denn wir lassen das ja nicht fallen, was wir aufgeben. Mütter müssen ihre Kinder aufgeben, damit sie reifen können, aber sie lassen sie nicht fallen.

Die nächste Stufe ist das Hingeben. Das ist schon viel schwerer als das Aufgeben. Dasjenige, wofür wir uns hingeben, bricht uns das Herz. Wenn wir uns etwas zu Herzen nehmen, bricht uns das Herz auf. Es öffnet unser Herz. Mit diesem offenen Herzen können wir vergeben.

Der Grund, warum Vergebung so schwierig ist, ist wunderbar in dem lateinischen Wort *tollere* ausgedrückt, das wir früher in der Messe laut gesagt haben: *Agnus Dei, qui tollit peccata mundi.* Das Wort *tollere* bedeutet zugleich »auf sich nehmen« und »hinwegnehmen«. Das Lamm Gottes nimmt die Sünde auf sich und nimmt sie so hinweg. Nur dadurch, dass wir Verfehlungen auf uns nehmen, können wir sie hinweg nehmen. Das heißt nicht: Ich hätte das auch getan, wenn ich in der Situation gewesen wäre. Es heißt vielmehr: Wir sind ja eins – ein Selbst. Nur ein Ich-selbst kann vergeben. Daran scheitert oft die Vergebung, dass man sozusagen eine »majestätisches Begnadigung« von oben herunter träufeln lässt. Es kostet einen nichts, aber erreicht auch nichts. Vergeben heißt: Ich stelle mich unter die Schuld. Ich trenne mich nicht von dem, der sich verfehlt hat. Sondern weil wir im Selbst eins sind, kann von daher die Vergebung kommen

Müsste man nicht Vergebung und Versöhnung noch einmal voneinander unterscheiden? Psychologisch müsste man das meiner Meinung nach schon. Denn es kann ja sein, dass ich von Menschen verletzt wurde, die nicht mehr erreichbar oder schon gestorben sind. Dann kann ich die Schuld nicht mehr mit dem anderen aushandeln. Aber ich kann vergeben, ohne dass ich mich mit dem anderen versöhne. Auch wenn es durch Gewalterfahrung eine zu starke Verstrickung mit dem anderen gibt, ist vielleicht eine Versöhnung nicht möglich, aber ich kann mich durch Vergebung zumindest selbst befreien und in einem neuen Verhältnis leben.

Anselm Grün

Ich habe Vergebung bisher nicht so sehr vom lateinischen Begriff *perdonare* gesehen, sondern von *dimittere*, was weggeben, wegschicken oder beim anderen lassen heißt. Beides ist sicher wichtig. Weggeben bedeutet: Der andere ist immer noch mein Gegner, aber ich lasse das Geschehene bei ihm und gebe ihm dadurch keine Macht mehr. Intensiver ist sicher das *perdonare* im von dir angesprochenen Sinn des Sich-eins-Fühlens. Manchmal reicht es aber auch, es beim anderen zu lassen.

 David Steindl-Rast

Dann es ist eben nicht so gründlich ...

 Anselm Grün

Das stimmt. Da bin ich erst bei mir, und ich bin befreit. Versöhnen hat mit dem Wort »sühnen« zu tun. Im Lateinischen heißt Versöhnung *reconciliatio* – wieder Gemeinschaft stiften. Darauf hast du vorhin Bezug genommen: dass wir gemeinsam sind. Das eine ist, dass ich mich selbst aussöhne und versöhnt bin mit dem anderen. Nur bleibt der andere oft unversöhnt. Ich erlebe das oft bei Geschwistern, wenn es um das gemeinsame Erbe geht. Die möchten Versöhnung, aber durch die Erbschaft wird alles auseinandergerissen. Die Frage ist dann: Kann ich innerlich versöhnt sein, unabhängig vom anderen? Ich bin offen, aber ich bin auch hilflos, wenn der andere unversöhnt bleibt. Dann hätte es keinen Zweck, mich deshalb total aufzugeben.

David Steindl-Rast

Man kann es auch so sagen: Um Versöhnung zustandezubringen, müssen mindestens zwei einander vergeben. Wenn aber einer nicht vergibt, kann der andere trotzdem vergeben. Vergeben kann also einer unabhängig vom anderen. Versöhnung kann nur stattfinden, wenn beide dazu bereit sind.

 Anselm Grün

Aber ich kann zumindest ausgesöhnt sein mit mir selbst.

Vom spirituellen Wachstum – oder: Mich annehmen lernen, wie ich wirklich bin

Manche Menschen stellen sich eine religiöse Person als eine perfekte Person vor und ein heiliges Leben als ein »perfektes«, reines«, »sauberes« und »harmonisches«. Aber so ist der Mensch nicht. Sein Leben ist immer eine Mischung aus vielen unterschiedlichen Strebungen und Erfahrungen. Es gibt Heiliges in diesem Leben, aber auch Abgründiges. Das Leben ist komplex und manchmal paradox. Wir müssen auch über Versuch und Irrtum lernen zu leben. Wie also wachsen wir spirituell – indem wir alles »richtig« machen oder indem wir es »falsch« machen?

 Anselm Grün

Wir sollen natürlich versuchen, »richtig« zu handeln, aber obwohl wir das versuchen, machen wir manches »falsch«. Über Versuch und Irrtum zu lernen ist das eine. Das andere ist: Wer sich selbst begegnet, begegnet immer auch seinen Schattenseiten. Er weiß dadurch um seine Brüchigkeit und seine Abgründe. Im Noviziat hat mir die Demut überhaupt nicht gepasst, weil ich das für etwas Negatives hielt. Je älter ich werde, desto mehr spüre ich, dass die Demut die angemessene Haltung ist, sich mit seinen Stärken und Schwächen anzunehmen. Dann kann ich mich trotzdem von Gott angenommen fühlen und muss nicht über andere urteilen. Die Aufforderung Jesu, nicht zu richten, ist weniger eine moralische Maxime, sondern dahinter steht die Erfahrung: Wer sich selbst erkennt, der hat keine Lust mehr, andere zu richten.

>> David Steindl-Rast

Einerseits müsste man sagen: Nimm dich an, wie du bist. Aber das Ideal, besser zu sein, hat den Vorteil, dass man sich mehr bemüht, weil man es erreichen will. Wenn das wegfällt, kann es sein, dass man ganz schlampig wird. Das ist auch eine Gefahr.

>> Anselm Grün

Deswegen gibt es einen Grundsatz: Ich kann nur ändern, was ich angenommen habe. Das Erste ist das Annehmen. Aber ich will ja wachsen und nicht einfach stehen bleiben. Sonst werde ich faul. Das Stehenbleiben ist die eine Gefahr. Deswegen lesen wir zum Beispiel die Bibel und Heiligengeschichten, um zu spüren, in uns steckt noch mehr Potenzial. Die andere Gefahr ist die Projektion. Manche Menschen halten uns beide für heilig. Sie projizieren etwas in uns hinein und sind dann enttäuscht, dass wir auch nur menschlich sind. Auf der anderen Seite brauchen manche Menschen solche Projektionsflächen, aber wir dürfen uns keinesfalls damit identifizieren.

>> David Steindl-Rast

Über den Wachstumsprozess, von dem du sprichst, gibt es von James Fowler ein wichtiges Buch mit dem Titel »Stufen des Glaubens«[74]. So wie Jean Piaget[75] versucht hat, die Intelligenzentwicklung zu beschreiben, hat Fowler die religiöse Entwicklung nachgezeichnet. Er konnte aufzeigen, dass der entscheidende Schritt beim Übergang von einem Plateau der Entwicklung zum nächsten immer aus einer Krise kommt. Das ist wertvoll, weil es uns sehen lehrt, wie wichtig die Krisen im Leben sind. Was du Verwandlung nennst, ist das Ergebnis einer Krise.

Die *krisis*, im griechischen Wortsinn verstanden, siebt aus, was überlebensfähig ist und was nicht.

Das heißt, dass der christliche Geist auch das Unperfekte einschließt?

Anselm Grün

Klar, der christliche Geist ist Annahme, also dass wir bedingungslos angenommen sind. Aber er hat auch ein Ziel. Das Ziel ist, dass wir immer durchlässiger werden für Christus und das wahre Selbst. Da sind wir nie am Ende. Dieser Prozess der Klärung und Verwandlung, dass das Eigentliche immer mehr durchbricht und das Uneigentliche in unserem Leben kleiner wird, geht bis zu unserem Tod. Aber es ist nie so, dass wir dadurch ein perfekter Mensch werden. Für mich ist ganz wichtig, dass der Geist Christi auch durch unsere Schwächen durchscheint. Wir wollen nur durch unsere Stärken Christus ausstrahlen. Wir strahlen ihn aber auch durch unsere Wunden aus.

David Steindl-Rast

Leonard Cohen hat einmal ein schönes Lied namens »Anthem« geschrieben. Darin heißt es: »Ring the bells that still can ring, forget your perfect offering. There is a crack in everything, that's how the light gets in.« Damit weist er darauf hin, dass es besser ist, das Positive zu feiern, als zu versuchen, das Negative auszumerzen. Das Lied drückt wunderbar eine tiefe spirituelle Einsicht aus. Man kann es gar nicht besser sagen.

Anselm Grün

Henri Nouwen[76] hat immer gesagt: Da, wo wir gebrochen sind, zerbrechen auch die Masken, die wir uns aufgesetzt haben, und der Panzer, den wir um unser Herz haben. Wir werden aufgebrochen für unser wahres Selbst, und dann kann auch etwas durchscheinen.

Von Wurzeln und vom Wachsen – oder: Altes und Neues miteinander verbinden

In den christlichen Kirchen sehen wir eine große Spannung, einen großen Graben, zwischen den sogenannten Konservativen und den sogenannten Progressiv-Liberalen. Der Konservative kann holzschnittartig so gekennzeichnet werden: Er will das Alte mit einem alten Geist machen. Der Liberale will das Neue auch mit einem alten Geist machen. Beide Richtungen kämpfen in der Geschichte als Antagonisten gegeneinander. Aber es scheint keinen Ausweg zu geben, und zwar deshalb, weil beide auf dualistischem Denken basieren. Gibt es möglicherweise einen dritten Weg? Etwas, was man vielleicht als eine kontemplativ-integrative Sicht jenseits dieser beiden Pole bezeichnen könnte?

 Anselm Grün

Für mich ist das Entscheidende, ob du ein Herz hast. Abbas Pambo, ein früher Wüstenmönch, sagt: »Wenn du ein Herz hast, kannst du gerettet werden.« Es gibt Konservative, die ein Herz haben. Ich bin im Herzen auch konservativ, weil mir die Tradition wichtig ist. Aber auch das konservative Herz muss weit und offen sein. Die Tradition muss immer mit neuem Geist erfüllt und in unsere Zeit übersetzt werden. Die Liberalen stellen wiederum die wichtigen Fragen nach neuen Wegen. Wenn es aber um Rechthaberei geht, dann wird es schwierig.

Die Spannung zwischen dem Bewahren und dem Neuen ist in jedem Menschen. Diese Spannung müssen wir zusammenbringen, wenn wir lebendig bleiben wollen. Wenn wir das Alte wegschmeißen und nur dem Neuen nachlaufen, dann fehlen die Wurzeln. Wenn wir aber am Alten krampfhaft festhalten, dann kann es nicht wachsen, sich nicht entwickeln. Wir müssen also diese Spannung, die jeder in sich hat, auch im Miteinander zulassen.

Aber wie entkommen wir im Christentum dem dualistischen Denken?

 Anselm Grün

Dualismus ist immer ein Kampf darum, wer recht hat. Ich habe auch sture und verhärtete Menschen begleitet. Die waren meist von Angst gesteuert. Ein Priester sagte mir einmal: »Ich habe Angst zu versumpfen, und deshalb brauche ich so rigoristische Formen.« Wichtig wäre es für ihn, langsam sein Selbst zu stärken, damit er nicht mehr diese Enge braucht. Aber man kann ihm nicht von außen die Enge wegnehmen, weil er dann wirklich versumpft. Man muss sie für den Moment zulassen und überlegen, wie man das weiten kann.

 David Steindl-Rast

Was du über das Herz sagst, ist das Entscheidende. Darin liegt auch schon die Antwort auf die Frage. Die einen tun das Alte mit einem alten Geist. Die anderen tun das Neue mit einem alten Geist. Beide müssten das Alte und das Neue mit einem neuen Geist tun. In Psalm 51 heißt es ja: »Ein neues Herz schaffe in mir.«

Das Alte wird gewöhnlich als steif und starr angesehen und das Junge als beweglich und flüssig. In diesem Sinne brauchen wir alle ein erneuertes Herz und einen neuen Geist. Ganz gleich, ob unsere Vorliebe dem Alten oder dem Neuen gilt oder etwas dazwischen – auf das Herz kommt es an. Das Herz steht für Verbindung. Im Herzen sind wir alle verbunden.

In unserer christlichen Tradition bedrohen immer wieder zwei große Missverständnisse eine echte Herzlichkeit:

Das eine ist, dass unsere Beziehung zu Gott juristisch ausgelegt wird. Schuld, Gericht, Gebot, Vergeltung und Versöhnung maßen sich dabei eine Wichtigkeit an, die ihnen nicht zusteht.

Das zweite Missverständnis liegt darin, dass unsere Gottesbeziehung privat ausgelegt wird. Nur Gott und ich statt Gott und wir. Das Anliegen Jesu aber war das Reich Gottes. Es ging ihm darum, Gemeinschaft zu bilden. Im Reich Gottes setzt Gemeinschaft mit Gott die Gemeinschaft mit Menschen voraus – Herz zu Herz.

Von der Inkarnation – oder: Wie Leib, Geist und Seele zusammengehören

Eine ausgesprochen prägende Denktradition in der Geschichte des christlichen Glaubens wurde vor allem von Augustinus vertreten. Augustinus war zehn Jahre lang Anhänger der Manichäer[77] und hat sich dann als Christ mit teils polemischen Schriften gegen sie gewandt. Aber es gibt Theologen, die darauf hinweisen, dass einige manichäische Denkfiguren dennoch die Theologie des Augustinus beeinflusst und damit auch auf das frühe Christentum gewirkt haben. Eine Konsequenz davon war beispielsweise die Herabwürdigung des Körpers und der Sexualität zugunsten des Geistes. Der Gegensatz von Fleisch und Geist wurde auf die Sexualität verengt und damit der eigentliche Sinn verfehlt. Die Folgen waren ziemlich dramatisch. Ein Widerhall findet sich beispielsweise in dem berühmten Nietzsche-Zitat: »Das Christentum gab dem Eros Gift zu trinken – er starb zwar nicht daran, aber entartete zum Laster.«[78] – Müssen wir auf diesem Hintergrund nicht noch einmal zu den Wurzeln zurück und fragen: Was meinten Jesus und Paulus eigentlich, wenn sie von Fleisch und Geist sprachen?

Anselm Grün

Natürlich! Denn das Christentum ist ja die Inkarnation, die Fleischwerdung des Geistes. Leider haben wir in der Geschichte lange den Leib als negativ gesehen und die Sexualität als Gefahr betrachtet, statt als Vitalität, Kreativität, Kraft und Sehnsucht nach Vereinigung. Grundsätzlich gibt es da schon ein Misstrauen. Hier ist sicherlich eine neue Sicht wichtig. Der Gerechtigkeit halber muss man allerdings sagen, dass es auch im Hinduismus und im Buddhismus eine misstrauische

Sicht der Sexualität gegenüber gibt – wenn man von der kleinen Richtung des Tantrismus absieht. Sexualität wird offensichtlich in allen Kulturen und Religionen als etwas Ambivalentes betrachtet, weil sie nicht kontrollierbar ist. Aber es ist wichtig, heute positiv an Sexualität heranzugehen und gute Formen zu finden, mit ihr umzugehen, und nicht aus einem Geist der Negation oder des Verbots.

 David Steindl-Rast

Mir scheint ganz wichtig, dass man Fleisch nicht mit Körper verwechselt, und Geist nicht mit Intellekt. Man muss sich anschauen, womit die Skepsis gegenüber dem »Fleisch«, dem griechischen *sarx*, historisch zu tun hat, denn dann versteht man das Gemeinte besser: Im Vorderen Orient ist das Klima bekanntermaßen ziemlich heiß. Wenn man Tiere schlachtete, mussten die Teile schnell verarbeitet werden. In der Antike hatte man ja keine Kühlschränke so wie heute. In dieser heißen Klimazone verdirbt und verwest das Fleisch sehr schnell. Daher eignete sich das Fleisch sehr gut als Bildwort, das man damals gut verstehen konnte. Fleisch steht also für das Hinfällige, leicht Verderbliche, für das Vergängliche.

Geist wiederum heißt ursprünglich »Atem« und steht für die Lebendigkeit. Solange ein Wesen atmet, lebt es. Solange Fleisch atmet, verdirbt es nicht. Erst wenn der Atem fehlt, stirbt es und verwest.

Wenn man sich also diese Bilder von Fleisch und Atem vor Augen hält, dann weiß man, dass es dabei um Vergänglichkeit und Lebendigkeit geht. Und die christliche Lehre der Inkarnation feiert, dass alles Vergängliche durch Gottes Lebensatem erneuert wird. Gottes Lebendigkeit durchdringt das Vergängliche.

Anselm Grün

Auch die Paulus-Stelle vom »Leib als Tempel des Heiligen Geistes« (1 Kor 6,19) bezeugt dies. Das ist ja aus unserer Erfahrung genommen. Der Mensch leuchtet aus seinem Leib. Wir erleben den Geist im Leib, wenn wir einen Menschen anschauen. Wenn jemand keine Beziehung zu seinem Leib hat, fehlt ihm die Ausstrahlung. Nur wenn die Seele und der Geist durch den Leib strömen, wird er für uns erfahrbar. Der Geist allein ist nicht erfahrbar.

Bräuchte es aufgrund dieser korrumpierten Geschichte heute auch neue Wege, um den Körper und den Geist wieder miteinander zu versöhnen? Das ist für mich ein Grund, weshalb die leiblichen Meditationsformen aus dem Osten bei uns im Westen so starken Zulauf haben. Ob Yoga oder Zen – hier wird spürbar, dass über die körperliche Übung und Meditation der Geist ausgerichtet wird. Hier wird diese Verbindung spürbar.

>> David Steindl-Rast

Manche Menschen haben davor Angst, weil sie meinen, hier wird etwas Fremdes eingeführt. Die ganze Geschichte der christlichen Tradition zeugt aber davon, dass immer wieder etwas Gutes von draußen hereingenommen wurde. Das ist überhaupt nichts Neues.

>> Anselm Grün

Die Meditation war im Christentum seit dem dritten Jahrhundert üblich. Die Christen haben das nicht erfunden, sondern das ist ein großer alter Strang – das mantrische Beten gibt es überall. Die Mönche haben es sozusagen »getauft«. Beten mit dem Leib und mit Gebärden ist auch im Christentum ganz wichtig. Wir haben seit der Aufklärung den Leib total vernachlässigt. Wenn ich leibhaftig bete, bin ich viel intensiver da, als wenn ich nur im Kopf bete. Der Kopf ist immer unruhig. Der Leib sammelt den Geist. Im Yoga geht es ja auch um Bindung.[79] Der Geist wird gebunden, indem ich bestimmte Gebärden vollziehe.

Auch im Christentum gibt es solche Meditationsformen: Das eine ist das Sitzen, das andere ist das Pilgern. Das ist ja auch eine leibhafte Meditation, die bereits wiederentdeckt wurde. Die Gebärden, wie der Ostertanz, der im Mittelalter eine wichtige Ausdrucksform war. Kleinere Gebärden sind das Kreuzzeichen und das Knien. Es geht auch darum, sich selbst zu erfahren.

Ich war in den 1970er-Jahren öfter bei Karlfried Graf Dürckheim. Er hat uns den Leib wieder ganz neu nahegebracht: Ich *habe* nicht einen Leib, sondern ich *bin* mein Leib. Beten geschieht im Leib. Für Dürckheim ist der Leib ein Barometer, das zeigt, wie es um mich steht. Der Leib ist aber auch ein Instrument der Verwandlung. Denn wenn ich mich anders hinsetze oder geerdet stehe, verwandelt sich auch meine innere Haltung.

Zeit für Dankbarkeit – oder:
Warum jeder Augenblick ein Geschenk ist

Bruder David, ich habe von Ihnen etwas sehr Wichtiges gelernt, das ich folgendermaßen verstanden habe: Religiöse Ideen, Glaubenssätze und Offenbarungsreligionen sind sekundär im Vergleich zur primären existenziellen Erfahrungsmöglichkeit, die allen Menschen zu allen Zeiten und in allen Kulturen offen steht – kurz gesagt: Vor der Religion kommt zuallererst die Erfahrung des Daseins. Das bedeutet: die mir ständig, jeden Augenblick neu gegebene Gelegenheit, selbst etwas im Leben anfangen zu können. So wird mein ganzes Leben zur Möglichkeit, auf dieses mir geschenkte Dasein zu antworten, mich und meine Welt kreativ zu gestalten und sie meinen Kindern und Enkeln hoffentlich besser zu hinterlassen. Diese Erfahrung des Daseins ist zugleich die Quelle von Dankbarkeit und Freude. Und es ist der Anfang des ursprünglichen Glaubens. Würden Sie diesen Zusammenhang von Dankbarkeit, Freude und Glaube etwas genauer verdeutlichen?

 David Steindl-Rast

Über dankbares Leben spreche ich gerne. Das ist ja nicht nur das Herzstück meiner eigenen Spiritualität, sondern eine Haltung, von der das Überleben der Menschheit abhängen könnte. Mit dem Glauben hängt Dankbarkeit deshalb zusammen, weil sie aus dem Urvertrauen ins Leben entspringt, also aus dem menschlichen Urglauben. Lebensvertrauen drückt sich darin aus, dass ich aus der Gelegenheit, die das Leben mir im gegebenen Augenblick schenkt, dankbar etwas mache.

Der Zusammenhang zwischen Freude und Dankbarkeit ist eine Erfahrungstatsache. Wir alle kennen Menschen, die alles haben, was man braucht, um glücklich zu sein, und dennoch todunglücklich sind. Entweder, weil sie andere beneiden oder etwas anderes wollen oder noch mehr wollen von demselben und so weiter. Dann kennen wir aber auch Menschen, die sehr wenig haben oder auch mit großen Schwierigkeiten im Leben kämpfen müssen, und trotzdem vor Freude strahlen. Sie haben kein Glück, aber sie haben Freude. Sie haben Freude sogar im Unglück.

Wenn wir genau hinschauen, was den Unterschied ausmacht zwischen den Todunglücklichen und den Lebensfreudigen, erkennen wir: Es ist die Dankbarkeit. Die unglücklichen Reichen sind deshalb unglücklich, weil sie nicht dankbar sind für das, was sie haben. Die glücklichen Armen sind im Unglück noch freudig, weil sie dennoch dankbar sind. Dankbarkeit ist der Schlüssel zur Freude. Und Freude ist ja das Glücklichsein, das nicht davon abhängt, ob uns etwas glückt oder nicht.

Auf dem Weg zu dieser Freude lassen sich zwei Schritte unterscheiden. Wir müssen uns nur daran erinnern, wie es sich anfühlt, wenn Dankbarkeit in uns aufsteigt. Dabei kann uns vielleicht ein Bild helfen: Wir sind beim ersten Schritt wie ein Gefäß, das sich langsam anfüllt. Es regnet und die Wassertonne füllt sich. Wenn Dankbarkeit in unserem Herzen aufsteigt, dann geschieht das zuerst noch ganz in der Stille, aber auf einmal fließt mein Herz über; das überströmende Wasser glitzert im Sonnenlicht und rauscht auf – ich singe dann vielleicht unter der Dusche …

Das ist schon der zweite Schritt: die Danksagung. Es sind also zweierlei Dinge, die zusammengehören: die Dankbarkeit und die Danksagung. Die Freude strahlt erst in der Danksagung so richtig auf.

Dazu kommt es aber oft gar nicht in unserer Konsumgesellschaft. Kurz bevor unser Herz überfließen will, sehen wir eine Reklame, die uns sagt: »Da gibt es noch ein viel besseres Angebot.« Oder: »Der Nachbar hat ein viel neueres Modell.« Dann machen wir unser Gefäß größer und größer, sodass das Wasser nie überfließen kann. Doch erst beim

Übersprudeln würde unsere Freude aufleuchten. Wenn wir dagegen in Länder kommen, in denen die Menschen nur ganz kleine Gefäße haben, dann staunen wir, dass so arme Menschen vor Freude strahlen. Sie brauchen nur wenig, um ihr Herz überfließen zu lassen. Davon können wir aber lernen. Wir können unsere eigenen Gefäße ein bisschen kleiner machen und dadurch unsere Freude erhöhen. Nicht Quantität von Besitz löst Freude aus, sondern die Qualität dankbaren Lebens.

Wichtig scheint mir, dass das, worüber Sie sprechen, eine für jeden nachvollziehbare phänomenologische Erfahrung ist und nicht ein positives Denken. Denn man könnte das auch ganz oberflächlich sehen nach dem Motto: Nicht negativ denken! Denke positiv! Wenn du das Positive denkst, begegnet dir auch das Positive. – Das sind aber einfache Psychotricks, die etwas versprechen, was nicht der Realität entspricht. Bei dem, was Sie gerade gesagt haben, geht es ja um etwas viel Tieferes, das mich interessiert. Wofür können wir dankbar sein? Wo fängt das an?

>> David Steindl-Rast

Dankbarkeit fängt immer dann an, wenn zwei Dinge zusammenkommen: Wir müssen etwas empfangen, was uns wertvoll ist. Und es muss uns als freies Geschenk gegeben werden. Wenn diese beiden Bedingungen zusammenkommen, dann steigt die Dankbarkeit spontan im Herzen jedes Menschen auf.

Der entscheidende Schritt von dieser Erfahrung auf ein dankbares Leben hin besteht darin, dass man sich bewusst wird, dass das wertvollste von allen möglichen Geschenken der gegebene Augenblick ist. Würde uns dieser Augenblick nicht geschenkt, dann wäre auch sonst nichts da. Das Jetzt ist das größte Geschenk. Das Jetzt ist reines Geschenk. Mit allem Geld und Gold der Welt kann man sich keinen einzigen

Augenblick erkaufen. Das sehen wir, wenn der Tod vor der Tür steht. Darum ist es hilfreich, uns den Tod allzeit vor Augen zu halten, wie es der heilige Benedikt anrät. Das führt zu der Dankbarkeit, aus der die Lebensfreude aufblüht. Jetzt, in diesem Augenblick, und jetzt, im nächsten Augenblick, fällt mir das größte Geschenk in den Schoß, eben das Jetzt mit all den Gelegenheiten, die es mir gibt.

Anselm Grün

Ich habe dein Buch[80] über Dankbarkeit sehr gerne gelesen, und es hat mich neu angeregt: Das deutsche Wort »Danken« kommt ja von »denken«. Wer richtig denkt, der ist auch dankbar. Undankbare Menschen sind unangenehm. Man kann sie nie zufriedenstellen. Es ist nicht selbstverständlich, dass wir denken und darüber reden, dass wir überhaupt sind. Denken heißt ja nicht nur rational denken, sondern auch wahrnehmen. Wer das Geschenk des Augenblicks wahrnimmt, der ist dankbar.

David Steindl-Rast

Da gibt es zwei Extreme. Das eine ist, das jemand nichts bedenkt und so in den Tag hineinlebt. Das andere Extrem ist der, der immer zu viel denkt und skeptisch alles hinterfragt und überall einen Köder vermutet, der in eine Falle führt. Also man muss schon irgendwie Maß und Mitte finden beim Denken, damit es zum Danken führt und so zur Freude …

Wie ist es möglich, dankbar zu sein, wenn mir Unglück widerfährt, wenn ich an das Leid und die vielen Ungerechtigkeiten in dieser Welt denke, an Ausbeutung, Lüge, Korruption und Gewalt? Wie kann ich angesichts all dessen dankbar sein?

>> Anselm Grün

Erstens müssen wir nicht immer dankbar sein. Wenn mich Leid trifft, bin ich nicht dankbar – das wäre eine zu heroische Geste. Mitten im Leid empfinde ich Schmerz. Aber ich kann mich trotzdem erinnern, dass ich nicht nur Leid erfahren habe und dass ich nicht nur Schmerz bin. Ich habe vielleicht Menschen, die mir beistehen, dass ich nicht allein gelassen, dass ich noch am Leben bin. Mitten im Leid werde ich etwas finden, wofür ich dankbar sein kann. Das ist wie ein Halt, damit ich nicht ganz im Leid versinke. Sonst lasse ich mich total hängen.

Jetzt kann ich sagen: Gut, solange es nur um mein privates Leid geht, bin ich einverstanden, Pater Anselm. Aber Sie müssen auch zugeben: Gewalt, Hunger, Korruption, Ausbeutung, Seuchen, Lüge und Verrat – das empört mich! Damit kann ich mich doch nicht abfinden?

>> Anselm Grün

Natürlich soll ich darauf nicht mit Dankbarkeit reagieren. Da sind andere Haltungen wichtig …

David Steindl-Rast

Also ich persönlich sehe auch hier noch die Dankbarkeit als Grundhaltung. Natürlich – übereinstimmend mit dir – bin auch ich der Meinung, dass man nicht für alles dankbar sein kann. Es gibt sehr vieles, wofür wir nicht dankbar sein können. Einiges davon hast du aufgezählt. Aber: Man kann in jeder Situation dankbar sein, weil jeder Augenblick uns Gelegenheit schenkt. Gelegenheit ist hier das Stichwort. Du hast eigentlich dasselbe in anderen Worten gesagt. Auch die Krankheit und das Leid geben uns oft Gelegenheit zu wachsen, oder man lernt etwas davon. Auch die Situationen der Ausbeutung, des Krieges und der Korruption geben uns die Gelegenheit, dagegen zu protestieren und uns dagegen einzusetzen. Selbst eine Ungerechtigkeit, die uns oder einem Arbeitskollegen widerfährt, gibt uns eine Gelegenheit, durch die Gewerkschaft oder – wenn es keine gibt – ganz persönlich dagegen anzutreten, sich für die Gerechtigkeit und die Wahrheit einzusetzen – bis zum Kreuz, wie Jesus. Etwas mit den Gelegenheiten zu tun, die uns geboten werden, das ist für mich die wichtigste Form, Dankbarkeit zu üben. Das kann freilich manchmal sehr schwierig sein.

Ich möchte die Sache mit der Dankbarkeit noch etwas verkomplizieren: Angenommen, mir geht es materiell gesehen gut. Dafür kann ich dankbar sein. Aber mein materiell gutes Leben kann ja eine Folge davon sein, dass die relativ billigen Güter meines Wohlstands von Menschen unter unwürdigen Arbeits- und Lohnbedingungen produziert wurden. Die materiellen Dinge sind für mich leicht kaufbar, weil es Unternehmen gibt, die Raubbau an der Natur betreiben, und weil sie die Macht haben, ihre Arbeiterinnen und Arbeiter bis zum Letzten auszubeuten.

Wenn ich heute in ein Flugzeug steigen und in die Karibik fliegen würde, könnte ich dankbar dafür sein, weil ich es mir leisten kann und weil es dort sicher wunderschön ist. Aber ich würde mit meinem Fernflug – wie viele andere auch – erhebliche Treibhausgase erzeugen. Die tragen in Summe, wie wir wissen, zu einem gefährlichen Klimawandel bei. Dieser Klimawandel trifft heute schon die Ärmsten der Armen am schlimmsten. Er führt zu extremen Naturereignissen, zu Dürren, Überschwemmungen und in der Folge zu neuer Armut, Hunger und Not. Den Armen bleibt nichts anderes übrig, als anderswo ihr Glück zu suchen. Sie steigen an der nordafrikanischen Küste in überfüllte Schlepperboote und riskieren ihr Leben bei ihren verzweifelten Versuchen, nach Europa zu gelangen. Das ganze Szenario wiederholt sich unter anderen Vorzeichen in Lateinamerika. Wegen der massiven Ungleichheit und den fehlenden Arbeits- und Bildungsmöglichkeiten versuchen tausende Migranten, über die mexikanische Wüste in die USA zu gelangen. Sie haben bereits enorm unter der Ausbeutung und Gewalt der Schlepper-Mafia gelitten und können froh sein, nicht getötet worden oder in der Wüste verdurstet zu sein. Die Zukunft, die sie in den USA erwartet, ist möglicherweise alles anderes als rosig, wenn sie nicht schon gleich nach der Grenze in einem Auffanglager landen.

Wenn ich mir all das vor Augen führe, habe ich nicht mehr das Gefühl, für mein materielles Wohlergehen dankbar zu sein. Denn ich spüre, dass ich Mitverantwortung trage für das System, das solche himmelschreienden Zustände produziert. Also nochmals ganz kurz: Wie kann ich für den Überfluss dankbar sein, wenn die Kosten dafür andere bezahlen?

>> David Steindl-Rast

Ich zeige meine Dankbarkeit dadurch, dass ich zunächst innehalte und mir die Situation ganz nüchtern anschaue, wie du es gemacht hast. Dann wird mir klar: Dafür, dass ich die Missstände überhaupt sehe, muss ich mich dankbar erweisen dadurch, dass ich etwas tue, um diese Situation zu verändern. Viele Menschen leben wie Schlafwandler; die Missstände werden ihnen überhaupt nicht bewusst. Aber wir wissen beispielsweise, dass die kommende globale Krise nicht mehr die Ölkrise, sondern die Wasserkrise sein wird. Die Fleischproduktion verbraucht bekanntlich Unmengen an Wasser. Ein halbes Kilo Fleisch auf meinem Teller verbraucht durch die Produktion so viel Wasser, wie ein Durchschnittsmensch in einem ganzen Jahr für das tägliche Duschen braucht. Im Wissen darum könnte ich zum Beispiel bewusst weniger Fleisch essen oder überhaupt auf Fleisch verzichten, das aus der Massentierhaltung stammt. Ich muss ja nicht sofort Vegetarier werden. Aber ich könnte nur mehr ein Drittel so viel Fleisch wie vorher essen oder nur einmal in der Woche.

Das ist ein Beispiel, wie jeder einzelne Mensch ganz konkret einen kleinen Unterschied machen kann. Aber es gibt tausende andere Möglichkeiten, wo ich die Ungerechtigkeit ausgleichen kann, die mir zu dem verholfen hat, wofür ich dankbar bin. Der arme Mensch, der ausgebeutet wird oder der fliehen muss, weil er kein Wasser und zu wenig zu essen hat, kann gar nichts tun. Ich will mich dankbar dafür erweisen, dass ich in einer Lage bin, in der mir noch Gelegenheit geschenkt ist, etwas zu tun.

» Anselm Grün

Diese vorhin beschriebenen Unrechtsverhältnisse gibt es zweifellos, aber es gibt Gott sei Dank auch einen Wandel des Bewusstseins. Ich habe mit dem damaligen Puma-Chef Jochen Zeitz ein Buch geschrieben.[81] Heute kann sich bei uns keine Firma mehr leisten, Fußbälle aus Kinderarbeit zu verkaufen. Das kauft keiner mehr. Es gibt einen Wandel im Kaufverhalten. Bei vielen anderen Dingen ist es noch nicht so weit. Bei Lebensmitteln sind wir in Deutschland noch nicht so weit wie in Österreich und der Schweiz, wo mehr darauf geachtet wird. Aber das Umdenken sehe ich im Gange. Dazu ist auch die Dankbarkeit da, dass wir die ungerechten Produktionsverhältnisse nicht mehr unterstützen.

Nach den Brandkatastrophen in den Textilfabriken Bangladeshs mit hunderten Toten ist das Image der Zulieferer für unsere Modemarken so stark angekratzt, dass sie es sich nicht mehr werden leisten können, unter solchen menschenunwürdigen Bedingungen zu produzieren. Die Zivilgesellschaft bei uns toleriert das nicht.[82] Auch die Medien haben diese Themen der ethischen Verantwortung für Produktion und Konsum entdeckt. Nach einiger Zeit wird das nicht mehr gehen.

>> David Steindl-Rast

Dieser Bewusstseinswandel, von dem du sprichst, ist ja einer der Hauptgründe für die Dankbarkeit in unserer Welt. Und er wird zugleich durch die Dankbarkeit hervorgebracht. Denn es gibt keinen Bewusstseinswandel ohne Innehalten. Ansonsten werden wir einfach in den Strom hineingezogen. Es braucht ein genaues Hinschauen – die Situation muss analysiert werden. Und der Bewusstseinswandel braucht ein Tun. Klare Erkenntnis muss zu einer entsprechenden Handlung führen. Da sind wir aber wieder beim Dreischritt »stop – look – go«. Durch diesen Dreischritt verwirklichen wir das innerste Wesen der Dankbarkeit.

Bruder David, Sie bauen in Europa, in den USA, in Lateinamerika und in China ein Netzwerk auf, das sich »gratefulness.org« beziehungsweise »Dankbar leben«[83] nennt. Das ist ein Netzwerk von Menschen aus unterschiedlichen Ländern und Kulturen, die sich um das Thema Dankbarkeit gruppieren, die dankbar leben wollen und eine spirituell engagierte Antwort geben wollen auf das Leid und die Ungerechtigkeit in unserer Welt. Welche Hoffnungen verbinden Sie mit diesem Netzwerk? Was könnte das in unserer Welt bewirken? Und: Ist das ein Netzwerk, das auch die Religionen verbindet?

David Steindl-Rast

Der entscheidende Schritt, den auch wir hier in unseren Erwägungen vollziehen, ist ein Wachwerden. Es wird uns dabei bewusst, dass wir die Menschen – besonders unsere Kinder – zur Dankbarkeit erziehen müssen. Da gibt es jetzt schon Schulen und Projekte in Schulen, die ganz auf Dankbarkeit aufgebaut sind. Zum Beispiel die von Margret Rasfeld geleitete Evangelische Schule Berlin Zentrum, die sich an diesem Prinzip orientiert und sowohl, was die Schulorganisation und den Lernalltag betrifft, als auch bei den Inhalten auf Dankbarkeit aufbaut. Diese Erkenntnis, dass Dankbarkeit für unsere Kultur revolutionär ist und jetzt auch in die Erziehung eingeführt wird, gibt mir große Hoffnung.

Was ist das Revolutionäre an der Dankbarkeit? Oder: Was verändert sich dadurch, dass ich dankbar lebe?

 David Steindl-Rast

Wie ich schon gesagt habe: Unsere vorherrschende Kultur ist geprägt durch Angst und Furcht. Daraus entspringen Gewalttätigkeit, unlauterer Konkurrenzkampf, Habgier und Ausbeutung. Dankbares Leben macht zunächst furchtlos. Es entspringt dem Vertrauen, dass auch alles, was uns bedrohlich erscheint, Gelegenheiten mit sich bringt, die uns das Leben schenkt. Wenn wir für diese Gelegenheiten dankbar sind, brauchen wir uns nicht mehr zu fürchten. Aus dieser Furchtlosigkeit resultiert dann Friedfertigkeit, respektvolle Zusammenarbeit und Teilen. Wenn wir nur diese drei Früchte der Dankbarkeit ansehen – Gewaltfreiheit, Zusammenarbeit und Teilen –, dann ist das schon revolutionär in unserer Welt. Würde nur eines davon sich durchsetzen, dann hätten wir schon eine ganz andere Welt. Es ist nicht schwer, sich vorzustellen, wie herrlich eine Welt aussehen könnte, in der die Menschen dankbar zusammenleben. Das ist die Welt, die wir uns wünschen.

Würden Sie, Pater Anselm, sagen, dass Religion auf ihren Kern zurückgeführt eigentlich eine Dankbarkeitspraxis ist?

 Anselm Grün

Klar. Im Mittelpunkt der christlichen Religion steht die Eucharistie. Das heißt Danksagung. *Eucharistein* heißt griechisch »Dank sagen«. Der Kult ist Danksagung an Gott dafür, was er an uns getan hat. Jede Religion entsteht aus Dankbarkeit für das Geschenk Gottes.

Natürlich gibt es manche Religionen, die mehr die Angst vor dem Negativen betonen. Aber die positive Seite aller Religionen ist Dankbarkeit. Man findet das im Islam – Dankbarkeit für das, was Gott gegeben hat –, und im Hinduismus und im Buddhismus findet sich die Dankbarkeit für das Sein. Das findet sich auch im Christentum. Insofern ist es eine wesentliche religiöse Haltung, nicht nur dem Menschen, sondern Gott dankbar zu sein für das Leben, die Natur, die Schönheit, jeden Augenblick des Daseins. Das ist ein bewussteres Leben. Der dankbare Mensch beutet nicht aus. Der lässt die Dinge auch sein. Ein Geschenk bewahre ich. Ich werfe es nicht weg.

David Steindl-Rast

Ja, du hast recht: Die Dankbarkeit ist eine wesentliche religiöse Haltung – vielleicht die wesentlichste. Es gibt keine religiöse oder spirituelle Tradition auf der Welt, die nicht ausdrücklich sagt, dass Dankbarkeit ganz im Mittelpunkt dessen steht, was sie predigt und was sie üben will. Aber Dankbarkeit geht noch darüber hinaus: Sogar Atheisten und Agnostiker sagen häufig: Ich bin nicht religiös und will mit Kirchen und Spiritualität gar nichts zu tun haben. Dankbar leben – das ist meine Spiritualität. Dankbarkeit verbindet also alle Menschen. Sie ist eine Haltung, in der ein ganz neues Bewusstsein von Gemeinschaft die Menschen verbinden könnte.

Mystik, Widerstand und Partizipation – oder: Was steht im Fokus des Christlichen?

Franziskus von Assisi[84] hat zu seinen versammelten Mitbrüdern und Freunden gesagt: Wir sind gerufen worden, die Wunden zu heilen, zu vereinen und zu heilen, was auseinandergefallen und zerbrochen ist, und jene nach Hause zu bringen, die ihren Weg verloren haben. – Auch Papst Franziskus spricht von der kirchlichen Berufung, an der Seite der Armen und Marginalisierten, an der Seite der Opfer dieser verwundeten Welt zu stehen.[85] Inwiefern müssen wir diese Kernbotschaft des Christentums aktualisieren?

Anselm Grün

Papst Franziskus hat eine wesentliche Botschaft des Evangeliums wieder neu in den Mittelpunkt gestellt. Wir sehen ja in vielen Kirchen, wie Geld und Macht Versuchungen sein können. Die Kirche muss bewusst für die Armen und für die, die in der Gesellschaft nichts gelten, eintreten. Das ist der Geist Jesu. Das hat der heilige Franziskus gepredigt und gelebt und viele andere auch. Die »sieben Werke der Barmherzigkeit«[86] waren auch eine wichtige Form der Spiritualität in der Kirche. Trotz aller Missstände kann man sagen: Wenn es die Kirche nicht gäbe, wäre unsere Gesellschaft wesentlich kälter. Aber es ist natürlich wichtig, die eigentliche Botschaft des Evangeliums immer wieder neu bewusst zu machen, weil die Gefahr, nur nach äußerer Macht zu streben, auch in der Kirche da ist.

Papst Franziskus scheut sich ja nicht, auch sehr harte Vergleiche zu verwenden. Er hat von unserer kapitalistischen Ökonomie als einer »Wirtschaft, die tötet«[87] gesprochen. Er hat einen neuen Ton angeschlagen, mit dem er die Dringlichkeit einer Wende deutlich macht. Denn heute steht das Schicksal unseres Planeten auf dem Spiel, und das scheint dieser Papst verstanden zu haben.

David Steindl-Rast

Man könnte das, was Papst Franziskus anstrebt, auch eine echte Erneuerung nennen. Wir haben davon gesprochen, dass sich jede Tradition von der Quelle her erneuern muss. Die Quelle für die christliche Tradition ist Jesus Christus. Jesus hat von Orthodoxie nicht gesprochen, aber sehr viel von Barmherzigkeit. In den letzten Jahrzehnten hat die Kirche sich viel mehr auf die Orthodoxie konzentriert als auf Barmherzigkeit. Jetzt endlich betont Papst Franziskus vor allem die Barmherzigkeit. Und das ist, was Jesus heute wohl tun würde.

Anselm Grün

Natürlich hat der Papst keine neue Wirtschaftsordnung verkündet. Das kann er auch nicht. Wir haben gesehen, dass der Kommunismus nicht zum Ziel führt. Der reine Kapitalismus ist auch tötend. Die christliche Soziallehre hat zwar die soziale Marktwirtschaft entwickelt, aber die ist in den letzten 30 Jahren doch sehr lädiert worden.

Außerdem fehlt diesem Ansatz heute noch das Ökologische: Es müsste im Kern zumindest ein ökosoziales Modell sein.

>> Anselm Grün

Klar. Ich spreche hin und wieder über Werte in der Wirtschaft. Mit Werten meine ich, die Schöpfung und den Menschen wertschätzen oder die christlichen Werte Glaube, Hoffnung und Liebe. Ich erlebe dort viele Leute, die offen für diese Werte sind. Ich kenne Unternehmen, die wirklich versuchen, eine christliche Kultur zu leben. In einer Firma habe ich einmal einen Vortrag gehalten. Dort wird niemand entlassen. Wenn es dieser Firma wirtschaftlich schlecht geht, dann verzichtet als Erster der Firmenchef auf sein Gehalt. Das ist ein Zeichen. Der Chef will solidarisch sein. Da gibt es verschiedene Modelle. Mir wirft man manchmal vor, wenn ich vor Firmen Vorträge halte, das sei für die Unternehmen nur eine Alibiaktion. Ich mache das aber in der Hoffnung, dass auch diese Verantwortungsträger umdenken. Wenn diejenigen, die Verantwortung tragen, nicht gierig sind, sondern die Werte beachten, dann ist das auch eine Hoffnung, dass diese Welt sich wandelt.

>> David Steindl-Rast

Ein Modell, das von Papst Leo XIII.[88] vorgeschlagen, aber leider selbst in der Kirche nie in die Wirklichkeit umgesetzt wurde, ist das Prinzip der Subsidiarität. Das würde mit einem Schlag die Machtpyramide in ein Netzwerk verwandeln. Darin liegt die Hoffnung für unsere Zukunft. Es ist einleuchtend, dass jede Entscheidung auf der niedrigsten Ebene getroffen werden sollte, auf der sie getroffen werden kann.

Nehmen wir ein einfaches Beispiel: die Österreichischen Bundesbahnen. Wie eine Bahnstation eingerichtet sein soll, welches Personal gebraucht wird oder wer die Station reinigt und so weiter, das muss nicht die Zentrale in Wien bestimmen, das könnte auf regionaler Ebene geregelt werden. Der Fahrplan aber muss natürlich auf einer höheren Ebene entschieden werden, weil es dabei der Synchronisation eines ganzen Netzwerks bedarf. Nur was allein auf der höheren Ebene entschieden werden kann, soll dort auch entschieden werden.

Wenn wir das in der Kirche wirklich durchführen würden, hätten wir eine ganz andere Situation. Jetzt kommt das meiste noch von oben nach unten. Wir brauchen aber dringend eine Aktivierung von unten nach oben.

Über Erfahrungen sprechen – oder: Trennt der Glaube oder verbindet er?

In der Geschichte der Weltreligionen gibt es einen jahrhundertelangen Wettstreit und oft blutige Konflikte, innerhalb der Religionen und auch gegeneinander. Derzeit kann man das exemplarisch am islamischen Dschihadismus studieren. Dies geschah und geschieht im Namen der Wahrheit und im Namen Gottes. Aber dieser Religionsstreit verläuft auf der Grundlage dualistischer Standpunkte und totalitärer Wahrheits- und Absolutheitsansprüche. Also: Eine Religion ist die wahre und dann sind die anderen falsch und im Irrtum. Man muss sie entweder überzeugen und zur eigenen Wahrheit bekehren oder, wenn das nicht geht, bekämpfen oder sogar vernichten. Wenn man aber tiefer in die mystischen Traditionen und den Erfahrungskern der Religionen eintaucht, findet man ein nicht-dualistisches Denken. Das ist ein großer Beitrag der Mystiker. Könnte diese mystische Glaubenserfahrung nicht einen Weg bereiten, dass wir einander neu sehen lernen und tiefer begegnen? Wir könnten dann die Freude am Glauben und die Sorgen des Lebens teilen, wir könnten einander helfen und gemeinsam wichtige Beiträge zur Lösung dringlicher globaler Probleme leisten. Ist eine neue Ära der religiösen Kooperation für Gerechtigkeit, Frieden und Bewahrung der Schöpfung möglich?

>> Anselm Grün

Die Mystik ist ein wichtiger Weg dazu, weil sie über die Erfahrung geht und nicht über das Dogma. Wenn ich mich über meine Erfahrungen austausche, dann streite ich nicht, wer recht hat, sondern ich bin neugierig auf die Erfahrung des anderen und achte sie. Die Erfahrung des anderen kann meine eigene vertiefen. Wir entdecken dabei, dass es um die Erfahrung Gottes geht und nicht um das Besitzen der Wahrheit. Gott ist die Wahrheit. Wir sind alle nur auf dem Weg zur Wahrheit.

Wenn wir das ernstnehmen, können die Religionen gut miteinander kooperieren. Die Zukunft der Welt hängt sehr davon ab, wie die Religionen miteinander umgehen. Werden sie weiterhin eine Quelle von Kriegen sein oder werden sie zu einer Quelle der Versöhnung? Gott sei Dank gibt es in den letzten Jahrzehnten auch sehr positive Zeichen. Christentum und Buddhismus sind da gute Beispiele. Mit dem Hinduismus gibt es einen Dialog. Christentum und Islam waren im Mittelalter schon einmal in einer guten produktiven Koexistenz. In letzter Zeit ist es in Teilen Afrikas und im Nahen Osten durch die Übergriffe von Extremisten sehr problematisch geworden. Grundsätzlich denke ich, dass der Dialog der Religionen über die Zukunft der Welt entscheidet. Aber es darf kein Dialog nur über die Lehre sein, sondern es muss einer über die Erfahrung sein.

 David Steindl-Rast

Ich meine auch, dass unser Verständnis von Glaubenserfahrung entscheidend ist. Was uns verbindet, ist der Glaube. Wir meinten immer, dass der Glaube uns trennt. Aber er trennt uns nur dann, wenn man unter Glauben diese oder jene Glaubenssätze versteht. Richtig verstanden besteht der religiöse Glaube nicht darin, etwas für wahr zu halten. Religiöser Glaube ist Vertrauen, letztlich Vertrauen auf Gott.

Gottesvertrauen – furchtloses Vertrauen auf das unergründliche Geheimnis des Lebens –, das teilen alle Menschen miteinander. Wir müssen uns unserer Verbundenheit im Glauben nur bewusst werden. Diese allgemein menschliche Urgläubigkeit drückt sich dann in den verschiedenen Traditionen ganz verschieden aus und wird ganz unterschiedlich formuliert. Aber gemeinsam ist uns Menschen doch das Vertrauen auf das Leben, auf das Geheimnis, auf das wir hinweisen mit dem Wort »Gott«. Zum Gottvertrauen gehört auch das Vertrauen zueinander. Glaube ist letztlich das, was uns alle am innigsten miteinander verbinden kann.

Danksagung –
Postludium ex gratia

Mein erster Dank gilt natürlich Bruder David und Pater Anselm, die sich trotz ihres übervollen Terminkalenders ein Wochenende Zeit für die Aufzeichnung der Gespräche im Kloster Münsterschwarzach genommen haben.

Dieses Buch wäre vermutlich nicht zustanden gekommen, hätte es nicht einen Anstoß dazu aus Übersee gegeben. Alberto Rizzo aus Buenos Aires ist der Motivator, dem es an dieser Stelle herzlich zu danken gilt.

Besonderen Dank an unsere Lektorin Marlene Fritsch, die mit uns sympathisch und überzeugend um die Buchform gerungen hat. Bruder Linus Eibicht, der Leiter des Vier-Türme-Verlags, Dr. Matthias E. Gahr, Heike Rabeler und einige andere Verlagsmitarbeiter, deren Namen ich nicht kenne, haben professionell dafür gesorgt, dass dieses Buch Anfang des Jahres 2015 das Licht der Welt erblicken konnte.

Für Tipps und kritische Hinweise bin ich meinen Freunden, dem Grafiker Clemens Schedler, dem Schriftsteller Ilija Trojanow, meiner Schwester Veronika Kaup-Hasler und nicht zuletzt meiner Partnerin Silvia Tschugg sehr verbunden. Für die ideelle Unterstützung möchte ich auch Mirjam Luthe-Alves, Margaret Wakeley und Brigitte Kwizda-Gredler vom Netzwerk »Dankbar leben« danken.

Dass wir gemeinsam überhaupt ein so schönes und hilfreiches Projekt auf die Beine stellen konnten, das verdanke ich persönlich der Quelle allen Lebens. Dass ich diese Quelle auch beim Namen nennen kann, weil sie mich trägt durch Leben und Tod, das ist für mich Zeit meines Lebens Grund für tief empfundenes Glück und lebensspendende Freude.

Wien
im November 2014

Johannes Kaup

Anmerkungen

1 Friedrich Nietzsche (1844–1900), deutscher Philologe und Philosoph. Der zitierte religionskritische Aphorismus 125 findet sich unter dem Untertitel »Der tolle Mensch« in »Die fröhliche Wissenschaft« (1882).

2 Augustinus von Hippo (354–430), Philosoph, Theologe und Bischof, war einer der vier lateinischen Kirchenlehrer. Seine 397 verfasste Autobiografie »Confessiones« ist sein bekanntestes Werk.

3 Johann Wolfgang von Goethe (1749–1832), einer der bedeutendsten deutschen Dichter, war gemeinsam mit Friedrich Schiller der wichtigste Vertreter der Weimarer Klassik.

4 Platon (428–348 vor Christus) gilt als einer der einflussreichsten antiken Philosophen, der das Denken des Abendlands maßgeblich beeinflusste. Er war Schüler von Sokrates und Lehrer von Aristoteles.

5 Simone Weil (1909–1943) war eine französische Philosophin und Mystikerin.

6 Fjodor Michailowitsch Dostojewski (1821–1881), einer der bedeutendsten russischen Schriftsteller. Zu seinen bekanntesten Werken zählen unter anderem »Die Brüder Karamasow« und »Schuld und Sühne«.

7 Der Begriff »Übermensch« findet sich in »Also sprach Zarathustra« (1883–1885).

8 Bernhard von Clairvaux (1090–1153), Kirchenlehrer, Mystiker und Kreuzzugsprediger, breitete als Abt des Klosters Clairvaux den Orden der Zisterzienser in ganz Europa aus.

9 Ludwig van Beethoven (1770–1824), 9. Symphonie in d-Moll op. 125

10 Viktor Frankl (1905–1997), österreichischer Neurologe und Psychiater, war Begründer der Logotherapie und Existenzanalyse. In »... trotzdem ja zum Leben sagen. Ein Psychologe erlebt das Konzentrationslager« beschreibt er seine Erfahrungen in deutschen Konzentrationslagern.

11 Der Schweizer Psychiater und Psychotherapeut Daniel Hell (geboren 1944) leitet das Kompetenzzentrum »Depression und Angst« an der Privatklinik Hohenegg in Meilen bei Zürich.

12 Johannes Tauler (1300–1361) war Dominikanermönch, Prediger und Mystiker. Er zählt zusammen mit Meister Eckhart und Heinrich Seuse zu den drei wichtigsten Vertretern der spätmittelalterlichen deutschsprachigen Dominikaner-Spiritualität.

13 Ursula Nuber, Die Egoismus-Falle. Warum Selbstverwirklichung so oft einsam macht, Zürich 4. Auflage 1994.

14 Helen Keller (1880–1968) war eine taubblinde amerikanische Schriftstellerin. Ihre Erfahrungen beschreibt sie unter anderem in: Mein Weg aus dem Dunkel. Blind und gehörlos, das Leben einer mutigen Frau, die ihre Behinderung besiegte, Bern/München 1997.

15 Martin Buber (1878–1965) war ein österreichisch-israelischer Religionsphilosoph. Seinen dialogischen Ansatz stellt er in seinem wichtigsten Werk »Ich und Du« (Stuttgart 2008) dar.

16 Ferdinand Ebner (1882–1931) war ein österreichischer Philosoph, der zusammen mit Martin Buber zum wichtigsten Exponenten des dialogischen Denkens gezählt wird. Buch: Das Wort und die geistigen Realitäten. Pneumatologische Fragmente, Wien 1952.

17 Henri Jozef Machiel Nouwen (1932–1996) war römisch-katholischer Priester, Psychologe und geistlicher Schriftsteller aus den Niederlanden, zahlreiche Werke, unter anderem: Ich hörte auf die Stille. Sieben Monate im Trappistenkloster, Freiburg 1997.

18 Marianne Gronemeyer, Das Leben als letzte Gelegenheit. Sicherheitsbedürfnisse und Zeitknappheit, Darmstadt 2008.

19 Vgl. dazu den Essay von Ilja Trojanow, Der überflüssige Mensch. Unruhe bewahren, Wien 2013.

20 Peter Sloterdijk, Du musst dein Leben ändern: Über Anthropotechnik, Frankfurt am Main 2009.

21 Martin Heidegger, Sein und Zeit, Tübingen 2006. Heidegger stellt »Jemeinigkeit« und »Man« einander gegenüber und sucht nach der Möglichkeit eines authentischen Lebens, dem eigentlichen Selbst-sein-Können.

22 Albert Görres (1918–1996), deutscher Psychoanalytiker und Psychotherapeut, Autor zahlreicher Bücher, unter andeerem: Kennt die Religion den Menschen? Erfahrungen zwischen Psychologie und Glauben, München 1983.

23 Max Horkheimer (1895–1973), Die Sehnsucht nach dem ganz Anderen – Ein Interview mit Kommentar von Helmut Gumnior, Hamburg 1970.

24 Krister Stendahl (1921–2008) war ein schwedischer lutherischer Theologe, Professor für Neues Testament an der Harvard Divinity School, Paulus-Experte, und von 1984–1988 Bischof im Bistum Stockholm.

25 Karl Rahner (1904–1984) war einer der bedeutendsten katholischen Theologen des 20. Jahrhunderts und Sachverständiger im II. Vatikanischen Konzil. Sein Werk umfasst zahlreiche Bücher und Schriften, darunter »Zur Theologie des Todes« (1958).

26 Suzuki Shunryū (1905–1971) war ein japanischer Sōtō-Zen-Meister. Suzuki machte Zen in den USA und in Deutschland populär, unter anderem mit seinem Buch »Zen-Geist, Anfänger-Geist« (Berlin 10. Auflage 2001).

27 Den Unterschied zwischen Sein und Seiendem nennt man in der Philosophie »ontologische Differenz« beziehungsweise »ontisch-ontologische Differenz«. Diese Unterscheidung stammt aus der Philosophie Martin Heideggers. In seinem Werk »Sein und Zeit« ist Sein der Verständnishorizont, auf dessen Grundlage uns innerweltlich Seiendes begegnet. Sein ist die Voraussetzung für alles Seiende. Aber das Sein des Seienden wird meist vergessen (siehe auch dazu »Seinsvergessenheit«). So wird beispielsweise im Gegebenen nicht thematisiert, dass es dazu ein Geben und einen Gebenden braucht.

28 »Negative Theologie« ist ein aus dem Platonismus stammendes philosophisches Denkverfahren über Gott oder das Eine. Es betrachtet alle positiven Aussagen über Gott (Gott wird durch bestimmte Eigenschaften beschrieben, zum Beispiel Gott ist gut/wahr/gerecht ... und so weiter) als unangemessen. Dies wird damit begründet, dass hier menschliche Erfahrungen auf Gott übertragen werden, die der absoluten Transzendenz Gottes prinzipiell nicht entsprechen können. Nur negative Aussagen können als wahr betrachtet werden (zum Beispiel Gott ist nicht so wie ...). »Negativ« darf dabei nicht als Wertung missverstanden werden.

29 Heinrich Böll (1917–1885) war ein deutscher Schriftsteller, er erhielt 1972 den Nobelpreis für Literatur. Er war unter anderem im Widerstand gegen die

Nationalsozialisten aktiv sowie in Menschenrechts-Angelegenheiten in Südamerika. Böll setzte sich auch kritisch mit der katholischen Kirche auseinander, trat 1976 aus ihr aus, ohne deswegen jedoch »vom Glauben abgefallen« zu sein, wie er sagte.

30 Vgl. Karl Rahner, Grundkurs des Glaubens, Freiburg 2004.

31 Johann Baptist Metz (geboren 1928) gilt als Vater der »neuen« Politischen Theologie (die »alte« Politische Theologie geht auf Carl Schmitt zurück). Metz ist theologischer Vordenker der »Compassion«, vgl. dazu: Memoria Passionis. Ein provozierendes Gedächtnis in pluraler Gesellschaft, Freiburg 2006.

32 Richard Baker Roshi (geboren 1936) ist ein US-amerikanischer Zen-Lehrer in der Tradition von Dongshan (9. Jh.) und Shunryū Suzuki Roshi. Baker Roshi hat 1971 die Dharma-Nachfolge von Suzuki Roshi angetreten und vermittelt seitdem die buddhistische Lehre im Westen.

33 Augustinus Karl Wucherer-Huldenfeld (geboren 1929), Philosophische Theologie im Umbruch, 2 Bände, Wien 2011, Band 3 erscheint 2015; derselbe, Befreiung und Gotteserkenntnis, Sammelband herausgegeben von Karl Baier, Wien 2009.

34 Hans Küng, Projekt Weltethos, München 1990. Weitere Informationen: https://www.weltethos.org

35 Irenäus von Lyon (135–202), Kirchenvater und Heiliger aus Smyrna und Bischof von Lugdunum/Lyon. Die Schriften dieses systematischen Theologen waren für das frühe Christentum und seine Entwicklung richtungsweisend. Auf Irenäus geht der Begriff der Regula fidei, der »Regel des Glaubens« zurück.

36 Hypostasis bedeutet »Grundlage«, im philosophischen Kontext als »Seinsstufe« beziehungsweise »Wirklichkeit« bezeichnet.

37 Die sogenannten Kappadokischen Väter Basilius von Caesarea, Gregor von Nyssa und Gregor von Nazianz sind bedeutende Kirchenlehrer aus dem vierten Jahrhundert nach Christus, die aus Kappadokien (heutiges Zentralanatolien, Türkei) stammen. Sie haben entscheidend dazu beigetragen, dass sich im »Arianischen Streit« die Trinitarier durchgesetzt haben.

38 Rainer Maria Rilke (1875–1926) war einer der wichtigsten Dichter der literarischen Moderne. Zu seinen bekanntesten Werken gehören das dreibändige »Stunden-Buch«, die »Duineser Elegien« und »Sonette an Orpheus«.

39 Willigis Jäger (geboren 1925) ist ein deutscher Benediktinermönch, Zen-Meister und Mystiker. Jäger wurde 2003 Leiter des überkonfessionellen Meditationszentrums Benediktushof in Holzkirchen. Zusammen mit Anselm Grün verfasste er das von Winfried Nonhoff herausgegebene Buch »Das Geheimnis jenseits aller Wege: Was uns eint, was uns trennt«, Münsterschwarzach 2. Auflage 2014.

40 Joseph von Eichendorff (1788–1857) war ein bedeutender Lyriker und Schriftsteller der deutschen Romantik.

41 Thomas Stearns Eliot (1888–1965); Four Quartets (1935): Burnt Norton, 1:
What might have been and what has been
Point to one end, which is always present.

42 Teresa von Ávila (1515–1582) war eine spanische Mystikerin und Karmelitin. Sie wurde zur Kirchenlehrerin erhoben und wird in der katholischen Kirche als Heilige verehrt.

43 Meister Eckhart, Eckhart von Hochheim (1260–1328), war einer der prominentesten Theologen, Philosophen und Mystiker des Spätmittelalters. Ein Hauptanliegen des Dominikanermönchs war die Verbreitung einer spirituellen Lebenspraxis unter der Bevölkerung. Siehe auch: Meister Eckehart: Deutsche Predigten und Traktate. Übersetzt von Josef Quint, Hamburg 7. Auflage 2007.

44 Nimmt Bezug auf: »Die Herrlichkeit Gottes ist der lebende Mensch, das Leben des Menschen die Gottesschau.« – ein Zitat von Irenäus von Lyon in: Adversus Haereses IV; 20,7.

45 Ferdinand Ebner, Das Wort und die geistigen Realitäten. Pneumatologische Fragmente, Neuausgabe herausgegeben von Richard Hörmann, Münster 2009.

46 Empfehlenswert dazu: Richard Rohr, Contemplation in Action, published by Center of Action and Contemplation, Albuquerque NM 2006.

47 Benedikt von Nursia (480–547) gründete 529 auf dem Monte Cassino bei Neapel in einem Apollotempel das erste Kloster der Benediktiner.

48 Die Trappisten zeichnen sich durch strenge Schweige-Regeln und weltabgeschiedene Gebetsübungen aus. Sie sind ein eigenständiger Orden, haben sich aber als Reformzweig im 17. Jahrhundert aus dem Zisterzienserorden herausgebildet.

49 Cellerar (lat., abgeleitet von »cellarium«, Vorratskammer) ist ursprünglich der Kellermeister im Benediktinerorden, heute wird darunter der wirtschaftliche Leiter des Klosters verstanden.

50 Aus dem griechischen Wort monachós (»Allein«, »Eines«) leitet sich der Begriff des Mönches ab.

51 Die drei Wege gehen zurück auf Dionysius Areopagita, den Vater der »negativen Theologie« (vgl. dazu Anmerkung 28).

52 Satori wird im Buddhismus jene persönliche Erfahrung der Erleuchtung genannt, die das universelle Wesen des Daseins erkennt (siehe auch »Buddha-Natur« beziehungsweise Urgrund).

53 Evagrius Ponticus (345–399; griechisch Evagrios Pontikos), Theologe und Mönch (»Wüstenvater«), Vermittler monastischer Spiritualität von Orient und Okzident. Evagrios ist der Begründer der Achtlaster-Lehre, einer spirituellen Psychologie, die von Johannes Cassian übernommen und weiterentwickelt wurde.

54 Peter Schellenbaum (geboren 1939), katholischer Theologe und Psychoanalytiker, Autor zahlreicher Bücher, betreibt seit 1993 ein Ausbildungs- und Therapieinstitut in Orselina bei Locarno in der Schweiz.

55 Papst Gregor der Große (540–604), der jüngste der vier großen lateinischen Kirchenväter, verfasste die Heiligenbiografie von Benedikt von Nursia.

56 Karlfried Graf Dürckheim (1896–1988) war ein deutscher Psychotherapeut und Zen-Lehrer. Zusammen mit Maria Hippius begründete er die Initiatische Therapie.

57 Siehe dazu zum Beispiel auch die spirituelle Männer-Arbeit von Richard Rohr (Initiationsriten für Männer, zu finden unter: https://cac.org/events/menaslearnerselders/mrop), Buch: Endlich Mann werden: Die Wiederentdeckung der Initiation, München. Für Eltern auch: Albert Biesinger, Kinder nicht um Gott betrügen, Herder Verlag Freiburg; und: Georg Langenhorst, Kinder brauchen Religion, Herder Verlag 2014.

58 Eugen Drewermann (geboren 1940), deutscher Theologe, Psychoanalytiker und Schriftsteller. Er ist einer der bekanntesten Vertreter der tiefenpsychologischen Bibelexegese und Autor zahlreicher Bücher.

59 Thomas von Aquin (1225–1274) war der wichtigste Theologe und Philosoph der mittelalterlichen Hochscholastik, er gehört zu den 35 katholischen Kir-

chenlehrern und wurde auch Doktor Angelicus genannt. Sein Hauptwerk ist die »Summa theologica«, 1323 wurde Thomas heiliggesprochen.

60 »Privatio boni« meint Mangel des Guten und bedeutet, dass das Böse keine eigene Substanz hat. Es lebt parasitär vom Guten. Thomas von Aquin bringt dazu das Beispiel der Blindheit. Sie existiert dadurch, dass man des Augenlichts entbehrt.

61 Lat. peccatum originale, Ursünde, ursprüngliche Sünde. Augustinus formulierte die Erbsündenlehre als zentrale Säule des westlichen Christentums. Zwar könne der Mensch sich trotz der Erbsünde zum Guten entscheiden, aber nur durch die Hilfe der Gnade Gottes. Da die Erbsünde als permanenter Zustand des Mangels gilt, ergibt sich daraus notwendig die Erlösungsbedürftigkeit des Menschen. Sie wird durch Jesus Christus ermöglicht, der Mensch geworden ist (Inkarnation), der gekreuzigt wurde und auferstanden ist. Der Apostel Paulus spricht in diesem Zusammenhang von Christus als dem »neuen Adam« (vgl. Römerbrief 5,12–21).

62 Im Buddhismus gilt »dukkha« (Leiden, aus dem Sanskrit: wortwörtlich »schwer zu ertragen«) als eines der drei Daseinsmerkmale und die erste der vier Edlen Wahrheiten.

63 Paul Tillich (1886–1965) war ein deutsch-amerikanischer protestantischer Theologe und Religionsphilosoph. Nach seiner Emigration aus Deutschland wirkte der systematische Theologe an der Harvard University und an der University of Chicago. Tillich gehört mit Karl Rahner, Karl Barth, Rudolf Bultmann und Dietrich Bonhoeffer zu den einflussreichsten Theologen der ersten Hälfte des 20. Jahrhunderts.

64 Joh 1,29: Jesus wird im Neuen Testament als Lamm Gottes (griech. amnòs tou Theou, lat.: Agnus Dei) bezeichnet. Im Johannesevangelium verweist Johannes der Täufer auf Jesus als das Lamm Gottes. Dies ist ein frühchristliches Symbol für Jesus Christus. »Agnus Dei« ist zudem ein fixer Gebetsteil in der römisch-katholischen Messliturgie.

65 Der griechische Begriff logismoi (Mehrzahl von logismos) meint Leidenschaften, unbewusste Gedanken, geistige Bilder oder »Samen der Leidenschaft«.

66 Johannes Cassianus (360–435) war ein Wüstenmönch, Abt und theologischer Schriftsteller. Er unterteilte acht Hauptlaster: Unmäßigkeit, Unkeuschheit, Habsucht, Zorn, Traurigkeit, Überdruss, Ruhmsucht, Hochmut. Später wurden daraus die sieben Wurzelsünden. Die acht Hauptlaster spielen auch

eine Rolle in einem seiner Hauptwerke »Unterredungen mit den Vätern« (Collationes patrum, in 3 Bänden erschienen, Münsterschwarzach 2011–2015).

67 In der Philosophie gilt die apatheia als positive Gelassenheit und Gleichmut und damit als erstrebenswert. Völlig anders ist die medizinische Begriffsverwendung; in der Medizin versteht man unter Apathie die Teilnahmslosigkeit, also ein Krankheitssymptom.

68 Poimen der Große (340–450), berühmter Wüstenvater der Spätantike, lebte in einem ägyptischen Kloster. Er wird von den allen orthodoxen Kirchen und in der katholischen Kirche als Heiliger verehrt.

69 Wolfgang Schmidbauer (geboren 1941) ist ein deutscher Psychoanalytiker und Schriftsteller. Werke unter anderem: Alles oder Nichts. Über die Destruktivität von Idealen, Hamburg 1987; Das Helfersyndrom. Über Hilfe für Helfer, Hamburg 2007.

70 Bedeutet umgangssprachlich: »spinnen«, verrückt sein, besessen sein von fixen (Wahn-)Ideen.

71 »Strukturen der Sünde« ist ein Begriff aus der 1987 erschienen Enzyklika »Sollicitudo rei socialis« (Über die Soziale Sorge der Kirche). Papst Johannes Paul II. schreibt darin: »Auf jeden Fall muss man das Bestehen wirtschaftlicher, finanzieller und sozialer Mechanismen anprangern, die, obgleich vom Willen des Menschen gelenkt, doch fast automatisch wirken, wobei sie die Situation des Reichtums der einen und der Armut der anderen verfestigen. Solche Mechanismen, von den stärker entwickelten Ländern in direkter oder indirekter Weise gesteuert, begünstigen durch die ihnen eigene Wirkweise die Interessen derer, die über sie verfügen, erdrücken oder lenken aber schließlich vollständig die Wirtschaftsordnungen der weniger entwickelten Länder.«

72 Die »wunderbare Brotvermehrung« findet sich im Neuen Testament bei Joh 6,2–14; Lk 9,11–17; Mk 6, 33–46 und Mt 14,13–23.

73 »Das Leid ist der Fels des Atheismus« ist ein Zitat des Philosophen Ludwig Feuerbach (1804–1872), das auch vom Schriftsteller Georg Büchner (1813–1837) aufgegriffen wird: »Die Theodizee ist der Fels des Atheismus.«

74 James Fowler, Stufen des Glaubens. Die Psychologie der menschlichen Entwicklung und die Suche nach Sinn, Gütersloh 2000.

75 Jean Piaget (1896–1980) war ein Schweizer Entwicklungspsychologe. Buch: Das Erwachen der Intelligenz beim Kinde, Stuttgart 2003.

76 Henri J. M. Nouwen (1932–1996), Die dreifache Spur. Orientierung für ein spirituelles Leben, Herder, Freiburg, 2012.

77 Der Manichäismus ist eine gnostische Glaubensrichtung. Sie geht auf den Perser Mani zurück. Der Manichäismus ist stark dualistisch geprägt. Seine Anhänger sollen durch Askese und immerwährendes Streben nach Reinheit die Erlösung erlangen.

78 In: Jenseits von Gut und Böse.

79 Sehr lesenswert dazu sind die Werke des an der Universität Wien lehrenden Religionswissenschaftlers Karl Baier: Yoga auf dem Weg nach Westen, Beiträge zur Rezeptionsgeschichte, Würzburg 1998; Meditation und Moderne, 2 Bände, Würzburg 2009.

80 David Steindl-Rast, Gratefulness, the Heart of Prayer. An Approach to Life in Fullness, N. J. Paulist Press 1984, auf Deutsch: Fülle und Nichts: Von innen her zum Leben erwachen, Herder, Freiburg, 3. Aufl 2008.

81 Anselm Grün/Jochen Zeitz, Gott, Geld und Gewissen. Mönch und Manager im Gespräch, Münsterschwarzach 22010.

82 Als ein Beispiel dafür sei die internationale Clean-Clothes-Kampagne erwähnt: http://www.cleanclothes.org

83 Englischsprachige Internetseite: http://www.gratefulness.org; deutschsprachige Internetseite: http://www.dankbar-leben.org

84 Franziskus von Assisi (1181–1226) wurde geboren als Giovanni Battista Bernadone. Der 1228 heilig gesprochene Franziskus lebte nach dem Vorbild Jesu das Evangelium in Einfachheit und Demut. Durch seine radikal einfache Lebensweise und liebevolle Zuwendung zu den Armen und Kranken scharte er rasch Gleichgesinnte um sich. Daraus entstanden die Gemeinschaft der Minderen Brüder, der Franziskanerorden, sowie die Klarissen. Der 2013 zum Papst gewählte argentinische Kardinal von Buenos Aires, Jorge Mario Bergoglio SJ, nahm als erster Papst der Geschichte den Namen Franziskus an und setzte damit ein symbolisches Zeichen der Umkehr für die katholische Kirche.

85 Siehe unter anderem das erste apostolische Lehrschreiben von Papst Franziskus »Evangelii gaudium« (»Freude über das Evangelium«) vom 24. November 2013 mit dem Untertitel: Über die Verkündigung des Evangeliums in der Welt von heute. Im Internet zu finden unter: http://w2.vatican.va/content/francesco/de/apost_exhortations/documents/papa-francesco_esortazione-ap_20131124_evangelii-gaudium.html

86 Die sieben Werke der Barmherzigkeit werden im Matthäusevangelium aufgelistet (Mt 25,31–46): Hungrige speisen, Durstige tränken, Fremde beherbergen, Nackte kleiden, Kranke pflegen, Gefangene besuchen und Tote bestatten.

87 In »Evangelii gaudium« (S. 50ff) ruft Papst Franziskus zum Kampf gegen die Armut auf.

88 Papst Leo XIII. (1810–1903) wurde wegen seiner Sensibilität für die sozialen Fragen seiner Zeit auch der »Arbeiterpapst« genannt. Seine wichtigste Enzyklika dazu war »Rerum novarum« (1891).